JÉROME PATUROT

TYPOGRAPHIE LACRAMPE ET COMP.,
RUE DAMIETTE, 2.

JÉROME
PATUROT

A LA RECHERCHE D'UNE POSITION SOCIALE

PAR

LOUIS REYBAUD

Auteur des Études sur les Réformateurs ou Socialistes modernes.

TOME SECOND.

PARIS
PAULIN, ÉDITEUR,
RUE RICHELIEU, 60.
—
1846

JÉROME PATUROT

SECONDE PARTIE. (SUITE.)

IX.

PATUROT DEVANT LA COMMISSION D'ENQUÊTE INDUSTRIELLE. LE BONNET DE COTON NATIONAL.

Malvina était donc sortie du bal de la cour avec des opinions subversives et une rancune qui dura pendant quelques mois. Madame de Sévigné n'avait rendu à Louis XIV pleine et entière justice que le jour où ce grand monarque avait daigné danser une courante avec elle; madame Paturot fut implacable pour les jeunes princes, qui ne l'avaient honorée d'aucune espèce de valse ni de galop. Elle donna dans l'esprit de faction, et m'effraya par ses opinions révolutionnaires. Je crus même un instant qu'elle deviendrait légitimiste, tant elle abondait dans le sens des diatribes que le feld-maréchal Tapanowich se permettait contre le gouvernement de Juillet. Pour la ramener dans le sentier des bons principes, il fallut qu'à mes efforts se joignissent ceux du peintre ordinaire de Sa Majesté. Enfin, elle s'adoucit, elle consentit à se montrer plus respectueuse à l'égard des princes, et à ne plus poursuivre de ses quolibets leurs avantages naturels.

Plus j'allais, plus je voyais s'étendre et s'agrandir le cercle de mon influence. Je tenais à la politique par l'épaulette, à l'industrie par mon magasin de détail; je devenais un homme considérable et considéré. Aussi, dès qu'il fut question d'une enquête sur l'état de la France manufacturière, la notoriété publique me désigna-t-elle comme l'une des autorités en matière d'articles de laine et de coton. Par une alliance heureuse, ces deux tissus fraternisaient chez moi; ils y vivaient sans trouble et sans querelle, la flanelle côte à côte du tricot. Le fil et la soie complétaient ce congrès de matières premières et cet assortiment venu des quatre points cardinaux. De cette façon, je me trouvais dans des conditions d'impartialité fort précieuses : je ne pouvais être ni intolérant, ni exclusif : j'appartenais à l'éclectisme industriel. Tout produit français était bien venu à mes yeux; seulement, je ne pouvais déguiser la répugnance profonde que m'inspiraient les articles étrangers, et c'est à peine si je pardonnais au coton les torts de son origine américaine. Le jour où on aura inventé le coton français, je traiterai de haut l'Alabama, et je n'aurai point assez de mépris pour la Louisiane. Mon pays avant tout.

Il est, en économie politique, deux écoles : l'une que je qualifierai de cosmopolite, afin de mieux la flétrir; l'autre que j'appellerai nationale. L'école cosmopolite est vendue à l'étranger; elle appelle, de toute la puissance de ses vœux, une invasion de tissus féroces et d'articles ennemis. Elle ne se plaît que dans les cachemires de l'Inde, les macintosh anglais, les fourrures de Sibérie, les soieries suisses, les houilles belges, les dattes de Barbarie, les plombs d'Espagne, les oranges de Monaco, les chanvres russes, les fers de Suède, les pantins de Nuremberg, et les marmottes de la Savoie. C'est là son bonheur, son idéal. Plus elle voit de produits exotiques, moins elle aime ceux de sa patrie. Ce n'est pas cette école qui se retirerait derrière la Loire, si l'industrie étrangère souillait notre sol : elle irait au contraire au-devant de l'ennemi pour s'en vêtir, s'en nourrir, s'en chauffer, en user de mille manières. Ames dépourvues de nationalité !

Ces gens-là ne manquent pas de spécieux prétextes ; ils prétendent qu'il faut accepter le bien, de quelque part qu'il vienne; que tout ce qui est beau et à bon marché mérite leurs préférences. Cosmopolites, voilà de vos arguments ! L'école nationale ne raisonne point ainsi : elle porterait de la bure au lieu de drap dans l'intérêt des manufactures françaises, et payerait volontiers la bure plus cher que le drap. Tel est son dévouement. Pour peu que vous la poussiez à bout, elle se coupera la fièvre avec de l'arsenic français au lieu de quinquina américain, s'abreuvera de chicorée française au lieu de café moka. Elle aime tout ce qu'elle fabrique, cette école, fille du patriotisme, et déteste ce qu'elle ne fabrique pas ; elle adore ce qui lui procure de gros profits et se révolte contre tout ce qui pourrait les diminuer. Elle craint que l'argent français ne dérive vers les bourses étrangères, et elle ouvre ses coffres pour empêcher cette déviation. Je suis Français, tu es Français, dit-elle, l'affaire peut s'arranger. Noble école!

J'appartenais, en ma qualité de bonnetier, à l'économie politique du terroir, et je m'étais promis de la défendre de toute la force de mes convictions. Au fond, personne n'était plus désintéressé que moi, et si j'interroge bien mes souvenirs, il me semble que j'avais alors quelques parties de flanelle anglaise de contrebande. Ainsi, j'allais renouveler le sacrifice d'Abraham, de Jephté et de Brutus, j'allais immoler mes enfants, l'orgueil de mes étagères. Il n'y a que l'amour du sol natal et de l'industrie nationale qui puisse engendrer une pareille abnégation. J'aurais conduit au bûcher, s'il l'eût fallu, ma flanelle exotique, l'œil serein et sans avoir besoin de m'envelopper de mon manteau. On ne me mit pas à une telle épreuve. Je pris le parti des tissus de laine français, et persistai dans mes assortiments de flanelle britannique. C'était une manière de concilier les principes et les intérêts, la conviction et la clientèle.

L'enquête officielle fut ouverte : chaque industrie y comparaissait à tour de rôle dans la personne des fabricants ou commerçants les plus considérables. Au fond, l'idée était assez ingénieuse. On mandait un manufacturier pour lui dire :

— Ah çà ! mon digne homme, ne trouvez-vous pas que vous gagnez trop sur vos articles ? ne serait-il pas temps de faire un peu de place à l'étranger, afin qu'il pût grignoter une part de vos bénéfices ?

— Plus souvent ! répondait naturellement le manufacturier.

— Calmez-vous, ajoutaient les juges du camp, personne ne veut vous dépouiller. C'est une simple formalité ; on ne vous écorchera point. Vous dites donc que la place est prise, et que vous ne voulez pas en céder le moindre petit coin aux produits étrangers...

— Plutôt la mort! s'écriait le manufacturier.

— Ne vous exaspérez pas. Allons, allons, c'est bien! disaient en terminant les interrogateurs; vous êtes vif, mais vous êtes national. La commission d'enquête est faite pour comprendre ce sentiment.

Cette revue des industries se prolongea durant plusieurs mois. Esprit de corps à part, cela finit par devenir monotone. Les plus intraitables manufacturiers étaient précisément ceux qui se disaient en possession des procédés les plus avancés et à la tête des plus beaux produits. Les médailles d'or menaient un bruit du diable; les médailles d'argent étaient moins tumultueuses; les médailles de bronze semblaient résignées. Ceux qui, devant le jury de l'exposition des produits, avaient jeté des défis superbes à l'étranger, déclinaient piteusement la lutte devant la commission d'enquête. Ils avaient brigué la récompense et refusaient de fournir la preuve qu'ils l'avaient méritée. Cette circonstance me frappa; cependant je me dis que le travail français devait être mis hors d'atteinte, même au prix d'une contradiction. Peu importaient les hommes : il fallait sauver le principe.

Mon tour de parole arriva enfin, et j'eus à subir deux interrogatoires : l'un sur les articles de laine, l'autre sur les articles de coton. Je m'étais préparé avec quelque soin : il s'agissait de représenter la bonneterie, de la poser, de la mettre en relief. En me souvenant que j'étais un *homme de style*, je voulus qu'à la solidité du fond s'alliassent les agréments de la forme : la vanité littéraire perçait sous l'enveloppe de l'industriel. Pas moyen d'ailleurs d'escamoter un succès. La commission se composait de personnes très-compétentes, et à qui il était difficile d'en faire accroire. Il y avait là, sur les bancs, des manufacturiers, des économistes, des chimistes, même des droguistes, et dans la salle un peuple entier de fabricants qui avaient comparu ou attendaient le moment de comparaître devant le tribunal spécial. Ce ne fut pas sans une certaine émotion que j'entendis prononcer mon nom. Je fendis la foule, m'avançai avec respect, et attendis les questions du président qui dirigeait l'enquête.

Tissus de laine.

DEMANDE. — Qu'avez-vous à dire, monsieur Paturot, au sujet des tissus de laine? Consultez vos souvenirs et votre expérience.

RÉPONSE. — Les tissus de laine, comme le nom l'indique, se composent principalement de la dépouille des troupeaux, et, dans ce sens, la question est à la fois industrielle et agricole. A mon point de vue, j'ajouterai qu'elle est également commerciale. L'agriculture, l'industrie et le commerce sont donc intéressés aux tissus de laine. En remontant aux temps les plus reculés de notre histoire, on voit le même phénomène se reproduire. Les capitulaires de Charlemagne, les édits de Sully, en font foi.

DEMANDE. — La commission tiendrait plus particulièrement à connaître où en sont les choses de notre temps.

RÉPONSE. — J'y arrive. On distingue diverses espèces de laines. La nature, bizarre parfois, n'a pas voulu donner à la France le monopole du mouton; elle a même placé le mérinos en Espagne. Or, partout où broute le mouton, on peut être sûr de trouver la laine, la laine longue, la laine courte, peu importe.

DEMANDE. — Reposez-vous si vous êtes fatigué. La commission attendra.

RÉPONSE. — Je dis la laine courte en vue des moutons, monsieur le président. Quant à moi, je l'ai particulièrement longue, l'haleine. Que la commission excuse le rébus.

DEMANDE. — La commission ne craint pas le mot pour rire. Continuez.

RÉPONSE. — Nous avons donc les laines du Derbyshire, les laines de Ségovie, les laines électorales de la Saxe, qui toutes ont placé leur résidence à l'étranger. C'est dommage, car elles ont du bon; mais je ne leur pardonne pas, pour cela, d'avoir poussé hors du beau pays de France. Oh! là-dessus, je suis impitoyable. Je ne connais que le mouton frrrrrançais.

DEMANDE. — Cela vous fait honneur. Mais, dans l'intérêt de nos tissus, ne pourrait-on pas provoquer l'introduction de quelques laines plus fines, celles d'Espagne et de Saxe, par exemple, que vous avez citées avec tant d'à-propos?

RÉPONSE. — Et les bergers frrrrançais, monsieur le président! et les pâturages frrrrançais! et les chiens frrrrançais! Là-dessus, voyez-vous, mes convictions sont inflexibles. Vivent les moutons frrrrançais!

DEMANDE. — Modérez-vous, monsieur Paturot. La

commission honore comme vous tout ce qui tient au sol de la patrie; elle sait que la France peut se montrer fière à bon droit du bétail que la Providence lui a départi; elle ne veut ni en déprécier la qualité, ni en réduire l'emploi. Il ne peut être ici question que d'une importation modérée et dans les lainages supérieurs.

RÉPONSE. — Je porterai ma tête sur l'échafaud, si cela est nécessaire ; mais on ne m'arrachera pas la moindre concession vis-à-vis de l'étranger. Mes ancêtres étaient Auvergnats, et ils poussaient le culte du mouton frrrrançais jusqu'au fanatisme. J'ai moi-même beaucoup connu, dans ma jeunesse, le mouton frrrrançais : c'est un être intelligent et pétri de grâces. Ma langue se desséchera plutôt que d'articuler un mot qui puisse être désagréable à ce quadrupède. Vive le mouton frrrrançais! Nourri sur le sol frrrrançais, il a seul le droit de fournir des côtelettes frrrrançaises, et de jouir sans concurrence du marché frrrrançais. Maintenant, qu'on me donne à dévorer aux mérinos!

DEMANDE. — La commission d'enquête consignera vos opinions au procès-verbal. Vous pouvez vous retirer.

Je regagnai ma place au milieu de murmures d'approbation. L'auditoire, qui se composait en grande partie d'éleveurs et d'agriculteurs, trouvait que j'avais déployé, dans la défense de l'industrie ovine, une éloquence et une dialectique véritablement champêtres. On se demandait à la ronde si je n'étais pas un berger des Alpes ou des Pyrénées, un grand producteur berrichon, ou l'un des propriétaires des troupeaux de Nas. Cependant, je m'étais contenu dans cette discussion, où je n'avais abordé, avec une impétuosité calculée, que la matière première. J'avais peur que le président ne me mît sur le chapitre de la flanelle anglaise, que je vendais tout en la méprisant. Ainsi, j'avais évité de me trouver trop directement en face de ma conscience. Il faut dire que je réservais ma puissance en matière d'articles fabriqués pour les tissus de coton, dans lesquels je me trouvais sans peur et sans reproche. Je ne tenais que des bas français, et mes bonnets de coton portaient au plus haut degré l'empreinte de la patrie. J'allais donc aborder cette question délicate avec le sang-froid que donnent une âme pure et un assortiment irréprochable aux yeux de la loi. Quand mon nom fut une seconde fois appelé, je descendis dans le prétoire avec l'épanouissement d'un succès antérieur et la confiance d'une excellente cause. Le président m'interpella de nouveau.

Tissus de coton.

DEMANDE. — Qu'avez-vous à dire, monsieur Paturot, des tissus de coton? Ces articles vous sont familiers.

RÉPONSE. — Je n'apprendrai pas à la commission que le coton est un produit végétal étranger à l'Europe, si ce n'est pourtant qu'on l'a cultivé jadis en Espagne et dans le royaume des Deux-Siciles ; mais l'Amérique est plus généralement sa patrie. C'est le pays où cette plante a reçu le jour. Je n'insiste pas davantage.

DEMANDE. — Vous acceptez donc le fait forcé de la provenance étrangère ?

RÉPONSE. — Oui, tout en maintenant mes réserves en faveur de tout coton français né ou à naître. J'en ai vu au jardin des plantes qui donne de grandes espérances. N'engageons pas l'avenir.

DEMANDE. — Soit; la commission peut faire la part de ce vœu, bien qu'il semble empreint d'exagération. Poursuivez.

RÉPONSE. — Mais si je reconnais à l'Amérique le droit de nous inonder de ses cotons, je m'empresse d'ajouter que c'est à la condition qu'il entre à l'état de matière première, et qu'il ne pénètre jamais sur notre sol sous un aspect plus ou moins manufacturé.

DEMANDE. — Précisez mieux votre opinion.

RÉPONSE. — Je la précise. Je dis que si le coton n'est pas un produit national, les articles de coton doivent être un produit national, sortant des mains de l'ouvrier national, pour régner sur le marché national.

DEMANDE. — Pouvez-vous nous fournir quelques détails capables d'éclaircir complétement votre pensée?

RÉPONSE. — Volontiers. Exemple, le bonnet de coton, ça me connaît. Je dis que le bonnet de coton doit être absolument national, que les fils qui le composent doivent sortir des broches nationales, que son tissage doit être national, son apprêt national, sa mèche nationale. Oui, national jusqu'au dernier brin, je ne sors pas de là.

DEMANDE. — Mais si l'on demandait au dehors quelques similaires, ne fût-ce que pour fournir des échantillons de ce que peut exécuter en ce genre l'industrie étrangère, ne croyez-vous pas que nos fabriques elles-mêmes auraient à gagner à cette comparaison, j'ajouterai même, à cette concurrence?

RÉPONSE. — C'est captieux, voilà tout. Monsieur le président, votre sensibilité vous égare. Vous traitez par le sentiment des choses qui ne veulent être traitées qu'au point de vue de la nationalité. La France doit disposer d'elle-même sur le terrain du bonnet de coton. Elle ne peut pas être à la merci de l'étranger pour la confection d'un article qui occupe une aussi grande place dans notre histoire. Abandonnez-vous, je suppose, sur ce point à l'activité exotique, qu'en résultera-t-il? qu'au moment d'une rupture, vous ne trouverez plus un seul bonnet de coton en France. L'ennemi vous prendra par les rhumes de cerveau.

DEMANDE. — L'objection ne manque pas de gravité; mais il me semble que vous désespérez trop facilement de l'intelligence et de l'activité françaises. Quand je parle de l'introduction du bonnet de coton étranger, j'admets toujours que ce ne sera que sous l'empire de droits différentiels. Or, si, protégés de la sorte, les bonnets de coton français ne peuvent pas lutter contre ceux du dehors, quelle idée voulez-vous que l'on prenne d'une fabrication aussi retardataire?

RÉPONSE. — Assez, monsieur le président. Avec le respect que je vous dois, je suis obligé de vous faire observer que vous tombez dans l'économie politique cosmopolite et révolutionnaire. Nos bonnets de coton sont les premiers de l'univers, voilà pourquoi nous ne pouvons pas en souffrir d'autres. Est-ce clair?

DEMANDE. — La commission d'enquête pèsera cet argument.

RÉPONSE. — J'en rappelle! je vois qu'il y a ici des ennemis du travail national, qui ne rendent pas au bonnet de coton national la justice qui lui est due, qui veulent l'éliminer du marché national, pour condamner aux plus viles destinations les cinquante-six millions d'ouvriers qui composent l'atelier national. J'en rappelle, dis-je, et je demande formellement la tête du président de la commission.

Cette sortie virulente termina la séance. Les fabricants de tissus de coton qui se trouvaient dans la salle me reçurent dans leurs bras; on m'entoura de toutes parts, on m'accabla de félicitations; je devins le héros de l'enquête, le champion du travail national. Une souscription fut ouverte et bientôt remplie : on voulait m'offrir une statue; je me contentai d'un bonnet de coton d'honneur.

X.

LA MAISON MOYEN AGE. — L'EXPOSITION DE TABLEAUX.

On vient de voir un échantillon de mes grandeurs politiques et industrielles : je ne faisais pas une moindre figure dans les arts. Mon ami Oscar travaillait de son mieux à me donner les airs d'un Mécène; il peuplait mon salon de jeunes célébrités de l'école chevelue : j'avais des peintres, des sculpteurs, des musiciens, des mouleurs de statuettes, des architectes, des décorateurs. De temps en temps, cette phalange livrait quelques assauts à ma caisse, et y pratiquait même des brèches assez fortes sous forme d'emprunts. Mais, en revanche, j'avais là des amis dévoués, prêts à me couler en bronze, ou à prodiguer en mon honneur l'ocre, le cinabre et la terre de Sienne. Déjà l'on voyait circuler sur les pianos de la capitale un album dédié à madame Paturot, et l'un des habitués de la maison, fort connu pour ses nudités en plâtre, avait offert de la mouler sous le costume de Vénus sortant du sein de l'onde. La proposition était trop mythologique pour être acceptée; mais elle avait en même temps quelque chose d'assez flatteur pour que Malvina ne la prît point en mauvaise part.

Ma grande affaire était alors la construction d'une maison genre gothique, qui s'exécutait sous les ordres d'un des architectes les plus chevelus de la capitale. C'était un garçon ivre du passé, et qui ressemblait moins à un Français du dix-neuvième siècle qu'à un Épiménide du moyen âge. Nous avions acheté un emplacement dans l'un des beaux quartiers de Paris, et c'est là-dessus qu'il devait bâtir sa huitième merveille du monde. Le devis, le plan, les coupes, le décor extérieur, les distributions, l'escalier, les ouvertures, tout fut l'objet des soins les plus minutieux et de longues délibérations. Oscar et Malvina élevaient des objections; moi, je les appuyais. Vains efforts! nous avions affaire à un artiste qui nous traitait du haut de sa barbe et n'en démordait pas d'un poil. Plusieurs fois même il lui arriva de se révolter contre nos goûts bourgeois et de nous mener d'une manière assez cavalière.

— Voici, disait-il en étalant ses plans coloriés, voici la question, n'en dévions point, s'il vous plaît. Vous avez à choisir, monsieur Paturot, entre trois espèces de gothique : 1° le gothique à lancettes, c'est-à-dire à ogives ordinaires et têtes de trèfles, avec des flèches de tours octogones et des rosaces de la plus belle époque; 2° le gothique rayonnant ou rutilant, ainsi nommé à cause de la forme rayonnante des roses et de l'ogive, qui s'épanouit de plus en plus; 3° enfin le gothique flamboyant, qui prend son nom de compartiments en forme de flammes, et où l'ogive s'élargit d'une manière qui présage la décadence. Les formes prismatiques sont alors préférées aux formes rondes, et les ornements, trop multipliés, chargent l'édifice outre mesure. Voilà les trois grands caractères du gothique. Maintenant décidez-vous. Voulez-vous le gothique à lancettes, le rutilant ou le flamboyant?

— C'est ça; monsieur Paturot, parle, dit Malvina en insistant.

— Parle, Jérôme, ajouta Oscar.

Pour parler, il eût fallu savoir que dire. Rutilant, flamboyant, à lancettes, ces mots m'étaient fort étrangers : mes études en archéologie n'avaient jamais été poussées bien loin, et, en fait de gothique, je n'avais point de préférence. L'architecte se méprit sur la cause de mon hésitation; il continua:

— Je vois ce que c'est. Peut-être monsieur préfère-t-il le genre bâtard postérieur aux trois grandes époques, quand le sommet de l'ogive offre un prolongement formé par des nervures qui l'entourent et partent des impostes, quand les grandes roses ne présentent plus que rarement des formes arrondies. C'est une dépravation du goût byzantin, mais elle peut s'avouer : si l'ensemble est lourd, on se sauve par le détail.

— Mais non, repris-je machinalement, mais non.

— Alors, où voulez-vous en venir? Remontons-nous jusqu'au genre *roman*, qui nous voue directement au plein cintre? Préférons-nous le *roman* secondaire, où les arcades sont demi-circulaires, en fer à cheval, en anse à panier; où les portes, quoique en plein cintre, sont chargées d'ornements en zigzags, en câbles, en torsades, en étoiles?

— Mon Dieu non, dis-je, accablé de cette érudition.

— C'est donc le genre *lombard* qu'il vous faut, c'est-à-dire une espèce bâtarde entre le gothique et le roman, un composé de byzantin et de moresque, un dévergondage de dentelles et de clochetons. Je comprends. Vous voulez saisir le moment précis où le plein cintre incline vers l'ogive, et engendre les quatre-feuilles, les trèfles, les roses, enfin toutes les merveilles qui sont en germe dans le gothique, le gothique au berceau, en un mot? Peste! vous êtes délicat.

— Vous me flattez, monsieur, je n'ai aucune idée là-dessus.

— Qu'est-ce à dire, et retomberions-nous dans l'art grec? M'a-t-on tendu un piége? Monsieur Paturot, ajouta l'architecte chevelu en se levant, si vous avez cru trouver en moi un instrument docile de la ligne droite, un singe de Vignole, de Mansard et de Percier, un esclave du dorique et du corinthien, un complice de la renaissance, une âme vendue à l'ionien et au toscan, vous vous êtes abusé. Je ne reconnais pas l'architecture grecque, monsieur; je regarde la Madeleine comme un grand catafalque, le Panthéon comme un biscuit de Savoie, la façade du Louvre comme une niche à marionnettes. Je méprise la feuille d'acanthe et la cannelure, les oves et les tympans. Tout cela est mort, très-mort, et je ne prostituerai jamais mon encre de Chine à des vieilleries pareilles. C'est bon pour des maçons et des gâcheurs de plâtre. Adieu, monsieur.

L'architecte avait débité cette tirade avec une telle rapidité, qu'aucun de nous n'avait pu placer une parole pour désarmer sa colère. Il venait même de prendre son chapeau et se dirigeait vers la porte, quand Oscar parvint à le saisir au collet. Moitié de force, moitié de gré, on le ramena sur son fauteuil, afin d'entrer en explications. Pour faire revenir l'artiste effarouché et remettre dans son état naturel une barbe foncièrement hérissée, il fallut beaucoup d'efforts, beaucoup de témoignages de confiance. Je me montrai décidé à faire grandement les choses, à ne pas lésiner sur les devis, à n'épargner rien quant aux accessoires.

— Donc, poursuivit l'architecte, maître absolu désormais de la construction, nous nous décidons pour le gothique flamboyant, comme plus orné, plus susceptible de décoration extérieure. Une fois adopté, il faut que le genre soit exécuté en plein; n'est ce pas, monsieur Paturot?

— En plein, dis je en courbant la tête.

Cet homme me dominait par son aplomb et l'état de sa barbe.

— Nous aurons donc des croisées à ogive et à tête de trèfle. Je veux aussi vous ménager sur la façade quelques meurtrières d'où l'on puisse diriger une sarbacane contre les truands, les mauvais garçons et les tireurs de laine. C'est avantageux pour les temps de trouble.

— Faites, dis-je comme un homme résigné.

— Des meurtrières, Pâques-Dieu ! cela ne peut pas nuire. La prévôté ne fait pas toujours son devoir, et il est bon de se garder des maillotins. Ah ! continua l'architecte, si les échevins y consentaient, quelle charmante tourelle je vous ferais !

— Une tourelle !

— Oui, monsieur Paturot, une tourelle suspendue, à pan coupé, en saillie sur la façade comme la coquille d'un colimaçon ! Ce serait une excroissance de l'hôtel, avec un toit ardoisé en forme d'éteignoir. Mais les échevins sont là ; ils rognent les ailes au génie, sous prétexte d'alignement.

— Là, voyez-vous ! s'écria Malvina.

— Proscrire les tourelles en saillie : quel vandalisme ! dit l'artiste avec émotion. C'est la seule chose qu'on n'ait pas encore vendue dans les bureaux des échevins.

— Cela viendra, observa Oscar.

— Rentrons dans le possible, reprit l'architecte chevelu. Vous aurez, monsieur Paturot, une maison modèle, comme si vous étiez le syndic de l'honorable corporation des bonnetiers. La façade sera d'un bout à l'autre une dentelle, une cristallisation : nous broderons la pierre, comme le faisaient les pieux ouvriers du moyen âge. Nous couvrirons le moellon de sculptures !

— Diable ! pensais-je, voilà un homme qui me conduira loin.

— Un instant j'ai eu l'idée de hérisser votre habitation d'aiguilles de marbre, comme le dôme de la cathédrale de Milan ; mais le carrare est cher, et un artiste qui se respecte ne peut employer que du carrare.

— A la bonne heure ! nous ferons au moins cette économie.

Les badigeonneurs vous auraient proposé de dorer votre maison, d'y adapter un placage : fi donc ! il faut laisser l'enluminure aux Italiens et le clinquant aux architectes empiriques. L'art pur ! ne sortons pas de là. En pénétrant dans votre maison, je veux que vous respiriez le moyen âge.

— Ça doit être très-sain, dit Malvina.

— D'abord, salle d'attente. C'est là que vous déposez, en entrant, le hoqueton et la pertuisane. Comme décor, quelques attributs de guerre et de vénerie. Plus loin, réfectoire et office. Nous sculptons des hanaps dans les boiseries, et des natures mortes. Puis la grande salle tout en damas des Flandres, avec des glaces de Venise.

— Très-bien ! dit ma femme avec un geste expressif.

— Et les vitraux de couleur, ne les oublions pas. Votre maison, monsieur Paturot, doit être l'asile des plus belles verrières de France et de Navarre. Vous aurez aussi quelques poteries de Bernard de Palissy, quelques coupes de Benvenuto : cela relève la couleur locale.

— Sans doute, dis-je en me voyant directement interpellé.

— Et les bahuts! Avez-vous songé aux bahuts?

— Les bahuts! qu'est-ce que c'est que cela, ma femme?

— Les bahuts, monsieur, répliqua l'architecte, c'est le meuble obligé d'une maison moyen âge! Le moyen âge et le bahut sont inséparables! Le bahut, madame, ajouta-t-il en se tournant vers Malvina, est à lui seul le coffre au linge, l'armoire à glace, la commode, le secrétaire de nos aïeux. Le bahut et le prie-Dieu, voilà la grande ébénisterie du quatorzième siècle. On vernit aujourd'hui le bois; autrefois on le ciselait. Nous sommes des frotteurs; nos pères étaient des artistes!

En prononçant ces paroles, l'architecte respirait l'enthousiasme. Sa barbe s'était un peu calmée; l'idée des clochetons qu'il allait exécuter à mes dépens avait répandu sur son visage plus de sérénité. Pour la première fois, il allait se livrer à une exhibition publique de son talent, et il méditait une façade extérieure mortelle pour ma caisse. Cependant madame Paturot ne laissait pas que d'être intriguée par ce mot de bahut jeté dans la conversation.

— Où trouverons-nous ce meuble? demanda-t-elle à Oscar.

— Ne vous inquiétez pas, répliqua le rapin. Tous les ébénistes du faubourg Saint-Antoine en confectionnent; il suffit de dire de quelle année on les veut.

L'entrevue se termina là. L'architecte chevelu avait gagné sa cause : désormais, je lui appartenais; j'étais presque à sa discrétion. Tout mortel qui s'avise de bâtir se donne un maître s'il traite avec un entrepreneur; cinquante maîtres s'il emploie directement des ouvriers. Aucune des servitudes dont l'existence est parsemée n'est plus lourde, plus incessante, plus remplie de périls. Sous le prétexte de toisés et de vérification, on oblige un homme à mener la vie du couvreur; on le fait errer sur les toits à vingt-deux mètres au-dessus du niveau de la rue, sur des ardoises glissantes, au milieu d'un tourbillon de fumée; on demande son avis au haut d'un échafaudage, on le pousse sur des échelles mal fixées, on le promène d'un étage à l'autre au milieu des plâtres et des gravois, on souille ses vêtements de peinture, on les saupoudre de plâtre. Voilà pourtant où j'en étais pour n'avoir pas su résister aux obsessions d'Oscar et prendre plus philosophiquement les œillades furibondes de mon voisin l'herboriste. J'étais voué au démon du moyen âge et entre les mains d'un véritable possédé.

La maison moyen âge fut commencée, et je passai plus que jamais pour un véritable Mécène. Oscar ne se contentait pas de m'imposer ses amis, il s'imposait lui-même. Quoique peu connaisseur en peinture, je ne m'étais jamais fait la moindre illusion sur son talent: ses écarts de coloriste frappaient l'œil le moins exercé, et son modelé ne rachetait pas cet inconvénient. Il est de notre temps des artistes qui ont fait leur chemin avec la couleur de brique. Ceux qui aiment cette couleur se sont chargés de leur construire une grande réputation. Mais le vert n'a jamais conduit personne au Capitole. On a beau se dire que c'est la nuance que la nature semble préférer; qu'elle est douce au regard ; que la robe du printemps est verte, que les feuilles sont vertes, que les prés sont verts : tout cela ne fera pas qu'une figure verte soit d'une perspective agréable, surtout quand on pose soi-même sur un encaustique pareil.

C'était pourtant ce que le peintre ordinaire de Sa Majesté voulait exiger de notre dévouement. L'exposition s'approchait, et Oscar prétendait y introduire deux toiles : l'une où j'aurais figuré en chef de bataillon de la garde nationale, l'autre qui aurait reproduit Malvina groupée avec ses beaux enfants. A la première proposition qui m'en fut faite, je m'insurgeai. La pensée que j'allais m'exposer, moi et ma famille, aux railleries de la foule, lutta un moment contre l'ascendant que le rapin avait pris dans la maison ; mais, selon mon habitude, je ne poussai pas la résistance jusqu'au bout. Je cédai donc, et notre salle à manger fut convertie en atelier permanent. Oscar envahit tout avec ses chevalets, ses cartons, ses tables, ses boîtes à couleur, ses pinceaux. L'odeur du bitume nous poursuivait ; les enfants avaient constamment les doigts pleins de cobalt et de vermillon. Je posais trois heures par jour, ma femme quatre. Il fallait se tenir éternellement sur une chaise, avec la bouche en cœur et l'œil en coulisse. Je ne sortais jamais de là sans des crampes horribles. De son côté, madame Paturot s'affublait, à midi, de sa robe plus notoirement décolletée, et la gardait jusqu'au soir. Tout visiteur était admis au spectacle de cette exhibition. Évidemment, Oscar abusait de ses avantages.

Enfin, les portraits furent achevés : les tons en étaient si verdâtres, qu'on nous eût pris pour des hôtes de la Morgue. J'avais l'espoir que le jury refuserait ces deux chefs-d'œuvre cadavéreux : hélas ! je ne connaissais pas les ressources d'Oscar. Il se remua tant et si bien, que les deux toiles furent acceptées, numérotées et clouées sur les murailles du salon, dans la première galerie. Jamais triomphe de la tactique ne fut plus complet ni plus prodigieux. On dut refuser deux mille cadres qui valaient mieux que ceux-là. Enfin le Louvre s'ouvrit, et nous allâmes jouir d'un spectacle où nous étions à la fois acteurs et témoins. Ici encore Oscar fut sublime. Il passait des journées entières en face de ses deux toiles, en multipliant les gestes d'un homme transporté d'admiration. — Dieu ! comme c'est Rubens ! se disait-il. — Quelles chairs à la Véronèse ! — Quels tons, quel flou ! Ces exclamations, qui semblaient arrachées à un enthousiasme spontané, attiraient quelques curieux et faisaient parfois des victimes. Cependant, de loin en loin, le peintre ordinaire de Sa Majesté recueillait des lardons qui empoisonnaient son triomphe. — Les vilains noyés ! disaient les uns. — Quelle salade à la chicorée ! ajoutaient les autres. Malgré ces petits échecs d'amour-propre, Oscar n'en restait pas moins à son poste, couvant de l'œil ses deux créations, et amorçant de son mieux les admirateurs bénévoles.

Il me souvient que, cette année-là, le milieu du salon carré était occupé par un gigantesque chameau, produit d'un artiste célèbre dans l'école coloriste et modérément chevelue. Tout le monde parlait de ce chameau, s'extasiait sur ce chameau. Oscar oubliait quelquefois jusqu'à sa propre peinture pour faire l'éloge de ce chameau. Je ne suis point un juge très-compétent en fait d'animaux à bosses, et pourtant il me semblait que ce chameau était d'une taille démesurée.

— Ne trouves-tu pas qu'il est un peu trop grand pour son âge? dis-je timidement à Oscar.

— Trop grand! répliqua le rapin à demi scandalisé. Mais vois donc ce ciel, mon ami, comme c'est chaud! comme c'est l'Orient!

— Tu es allé en Orient?

— Non; mais je reconnais la réverbération des sables : il n'y a que lui, mon cher, qui ait pu trouver de ces tons. C'est plus corsé que nature, voilà son seul défaut.

— Alors, repris-je, si le chameau n'est pas trop grand, c'est l'homme qui est trop petit. Il va à peine au genou de la bête.

— Sacrilége! Regarde donc ces détails, ce soleil couchant, ces pierres, ce terrain, cette végétation! quels effets plastiques! Jérôme, mon ami, si je n'avais exécuté les deux portraits que tu vois, je voudrais avoir lancé ce chameau. C'est l'Égypte, c'est la vie biblique, c'est Abraham, c'est Jacob!

— Possible; mais j'ai bien peur que l'animal n'ait quinze pouces de trop.

— Chameau-géant, comme le peintre. Quand on est coloriste, mon cher, on n'est pas tenu à voir les choses comme nature. Ce chameau est le tambour-major du régiment des dromadaires créé en Égypte par le grand Bonaparte.

— Tu m'en diras tant.

Nous parcourûmes ainsi le salon en examinant çà et là quelques toiles, entre autres un cheval lilas et une esclave mordue par un aspic et se roulant à terre. Je voulus critiquer la couleur du cheval et la pose de l'esclave, mais Oscar me releva d'importance : je touchais à deux artistes chevelus qu'il considérait comme ses maîtres, et il fallut apporter un terme à des observations peu respectueuses. Quand j'insistai en parlant du dessin comme d'une condition essentielle de l'art, le peintre ordinaire de Sa Majesté me ferma la bouche par un mot sans réplique :

— Préjugés, mon cher, préjugés ! Est-ce que Rubens dessinait ?

XI.

LE PRIX D'UN ALIGNEMENT.

Nous étions à table, un matin, causant et déjeunant en famille, quand un homme fit irruption dans la salle à manger avec un éclat et un bruit extraordinaires : on eût dit un tremblement de terre, un ouragan. C'était mon architecte, mais bouleversé, hors de lui, méconnaissable. Sa barbe déréglée témoignait de l'état de son âme, ses yeux lançaient des éclairs, ses poings crispés menaçaient la nature entière. Jamais je n'avais rien vu de si furibond et de si hérissé : on eût pu le peindre comme l'idéal de l'exaspération. Il agitait une énorme canne qui prenait dans ses mains tous les caractères d'une arme dangereuse, et il en frappait le plancher de manière à endommager le carrelage. Pendant quelques minutes, la colère lui enleva la faculté de s'expliquer, et il semblait vouloir s'en venger sur une pile d'assiettes qui se trouvait malheureusement à sa portée. Je parvins à le faire asseoir et à sauver ma vaisselle.

— Les maltôtiers, s'écria-t-il enfin quand la parole put se faire jour; les vils et indignes maltôtiers!

— A qui en avez-vous donc? lui dis-je.

— Pâques Dieu! j'admire votre calme, messire; oui, vraiment, je l'admire. Mais vous ne savez donc pas que c'est de vous qu'il s'agit, que c'est vous que l'on met en question?

— Comment cela?

— Comment, messire? de la manière la plus simple du monde. Je viens du bureau des échevins, autrement dit bureau de la ville. La municipalité vous refuse votre alignement.

— Eh bien!

— Vous me stupéfiez, messire. Et notre maison, comment la construirons-nous?

— Ah! c'est juste. Que disent-ils donc dans les bureaux de la ville pour justifier ce refus?

— Ils disent que les plans sont faits; qu'il faut reculer de quatre mètres, mesure légale, et ne pas élever le pignon au-dessus de quinze mètres.

— Soit; il n'y a qu'à s'y conformer.

— Quoi! vous aussi, messire! Par exemple, en voilà une sévère! Mais que voulez-vous que je fasse avec quatre mètres de moins en profondeur et une hauteur de quinze mètres? C'est comme si vous disiez à l'aigle de voler avec une aile. Quinze mètres de haut! vous plaisantez. Et les clochetons?

Je vis qu'il allait s'emporter et détériorer mon carrelage avec le fer de sa canne ; je m'empressai d'abonder dans son idée.

— Au fait, c'est vrai, lui dis-je, j'avais oublié les clochetons. Il faut les sauver ; mais comment ?

— Il y a de la maltôte là-dessous, messire ; venez avec moi à l'hôtel de ville ; nous verrons les bureaux. Quatre mètres de recul ; autant vaudrait me dire de supprimer les tourelles. J'aimerais mieux ça. Quand on veut la mort de l'art, il faut l'avouer.

Décidément, je ne pouvais pas m'en tirer avec des moyens évasifs. Il fallait payer de ma personne et aller poursuivre de mon chef ce redressement ; je sortis avec l'architecte. En chemin, j'eus à essuyer la récapitulation des beautés dont l'obstination des bureaux pouvait nous priver, et des défectuosités qu'un alignement trop rigoureux devait occasionner dans l'ensemble de l'édifice. Je compris que, dans l'intérêt de mon repos, il était essentiel d'obtenir de l'administration un adoucissement à son premier arrêt ; autrement je demeurais en butte au désespoir de mon entrepreneur et à son idiome moyen âge. Je résolus de faire un grand effort pour me délivrer de ce double fléau.

Nous arrivâmes à l'hôtel de ville, où mon compagnon pénétra en homme qui connaît les êtres. Notre affaire était du ressort de la voirie ; c'est là que nous nous rendîmes. Cependant les choses ne se passèrent pas aussi simplement que je l'avais présumé. Mon architecte croyait que la difficulté pouvait se vider au bureau des plans, et nous frappâmes d'abord à cette porte. Il ne s'y trouvait qu'un employé, qui n'eut pas l'air de savoir ce que nous lui demandions.

— Un alignement? répondit il. Cela doit regarder les architectes de la ville. Adressez-vous dans le corridor à gauche, troisième subdivision, sixième porte en face. On vous indiquera de qui cela dépend.

— Cependant, monsieur, dit en insistant mon compagnon, c'est ici que les plans sont déposés. Nous voudrions les consulter pour connaître notre situation.

— Rien de plus juste, messieurs; voici les cartons; nous allons chercher.

Il les ouvrit; ils étaient en partie vides. Nous fîmes de vains efforts pour trouver le nôtre. Enfin, l'employé se frappa le front en s'écriant :

— Rue ***. Une rue nouvellement percée, n'est-ce pas? Les plans ne sont pas ici. Ils sont en main.

— C'est que j'ai déjà élevé des réclamations, ajouta l'architecte.

— Eh! que ne parliez-vous, monsieur? répondit l'employé. Si vous en êtes là, c'est le contentieux que cela regarde. Adressez-vous au sous-chef, cinquième porte à gauche, aile droite, deuxième étage, corridor de l'ouest. Voilà votre affaire.

Nous sortîmes et allâmes vers les bureaux du contentieux. A peine mon compagnon eut-il ouvert la bouche, que le sous-chef l'arrêta :

— Pardon, monsieur; cette affaire n'est pas de mon ressort; adressez-vous au chef de bureau, corridor de l'est, au premier, la porte en face.

En même temps, il nous tourna le dos. Ceci prenait toute la tournure d'une mystification. J'eus d'abord l'envie de renoncer, mais la curiosité s'en mêla, et je voulus voir jusqu'où irait la plaisanterie. Nous nous présentâmes chez le chef de bureau, qui nous renvoya au chef de division, le chef de division au secrétaire général, le secrétaire général au préfet, le préfet au bureau des plans. Une fois ramenée à de pareils termes, la question me parut insoluble : c'eût été à recommencer éternellement. Mon architecte rugissait dans sa barbe; il voulait dévorer un employé; j'eus toutes les peines du monde à l'empêcher de faire un exemple.

— Les maltôtiers! s'écriait-il en élevant la voix.

L'exaltation de cet homme devenait dangereuse; je l'entraînai hors de cette enceinte. Le malheureux voyait sa maison lui échapper, cette maison dont il avait arrêté dans sa tête la capricieuse ordonnance; il voyait les ogives, les trèfles s'évanouir; il craignait déjà de ne pouvoir cristalliser la pierre et vider mon coffre. C'était pour lui un coup mortel; je m'en aperçus bien aux évolutions de sa canne, qui à chaque instant menaçait quelqu'un de mes membres. J'employai, pour calmer l'énergumène, toutes les ressources de mon éloquence; je lui promis de tenter de nouvelles démarches, de voir les ministres, de m'adresser au roi, de mettre tout en œuvre plutôt que de passer sous les fourches caudines du bureau des plans. Tant d'assurances et de protestations parvinrent à ramener sa canne à l'état normal : je pus respirer à l'aise.

Malheureusement j'avais affaire à un homme qui ne lâchait pas prise ainsi. Quand l'art chevelu a un bénéfice en perspective, on ne le détourne pas facilement de cette poursuite. Chaque matin, mon entrepreneur paraissait à l'heure du déjeuner, afin de connaître le résultat de mes démarches. J'avais beau l'ajourner à de longs délais, le payer de défaites, la passion de l'architecture ne lui permettait pas de me laisser tranquille. Cette horrible barbe reparaissait sans cesse à l'horizon de mon premier repas, entre le fruit et le café à la crème. Mes digestions en étaient troublées, mon appétit en souffrait. A tout prix il fallait se débarrasser de cette apparition. Mais comment, par quel moyen? Le bureau de la voirie me tenait toujours rigueur et m'éconduisait sous mille prétextes. J'étais désespéré.

Au plus fort de cet ennui, mon domestique introduisit un jour dans mon cabinet un individu qui s'entourait du plus grand mystère et refusait de donner son nom. A peine entré, il ferma la porte avec soin et promena de tous les côtés un regard inquiet. C'était un petit homme maigre, vêtu d'un habit noir hors de service et blanchi aux coudes, d'un pantalon qui tombait à peine sur la cheville, et que bridaient de gigantesques sous-pieds en cuir non verni. La tête était chauve et grisonnante, les yeux enfoncés et armés de bésicles, les pommettes colorées, les mains couvertes de gants noirs éraillés par l'usage. Avant d'ouvrir la bouche, ce personnage interrogea de l'œil les moindres recoins de l'appartement, prêta l'oreille aux bruits de la maison, enfin, se livra à un luxe de précautions inouïes. L'impatience commençait à me gagner, et j'allais me fâcher sérieusement quand il se décida à parler :

— Monsieur est propriétaire d'un terrain à bâtir rue...? me dit-il.

— Oui, monsieur, répondis-je.

— Monsieur a demandé un alignement à la ville; il est en instance pour l'obtenir.

Cet homme venait de mettre le doigt sur la plaie. Je ne savais pas ce qu'il voulait me dire; cependant le sujet avait un tel intérêt pour moi, que ma physionomie s'anima involontairement. Mon interlocuteur s'en aperçut :

— Je sais que la ville inquiète monsieur, ajouta-t-il : je viens l'entretenir de cela.

— Ah! monsieur, lui dis-je alors, ne pouvant me contenir, soyez le bienvenu. Oui, la ville me rend le plus malheureux des hommes, je ne vous le cache pas. Impossible d'en finir avec elle. Toujours des ajournements, toujours des fins de non-recevoir. Si la commune paye des employés pour envoyer promener les gens, ils ne volent pas leur salaire. On ne peut pas faire droguer le public plus consciencieusement qu'ils ne le font.

— Monsieur a tort de leur en vouloir : on paye si peu dans les bureaux. Qu'est-ce que valent ces places d'administration? Deux, trois mille, cinq mille francs au plus. Quel zèle peut-on avoir à ce taux-là? Quand on veut être servi, il faut y mettre le prix.

— Mais, monsieur, répondis-je, le public n'a rien à faire là dedans.

— Je vois bien que monsieur ne me comprend pas encore, ajouta alors cet homme. Il s'agit pour lui d'obtenir un alignement, n'est-ce pas?

— Sans doute.

— Eh bien, sortons des généralités et allons au but. Jusqu'à présent, monsieur n'a pas pu arracher aux bureaux l'alignement si désiré. Maintenant, si quelqu'un se faisait fort de le lui obtenir tel qu'il le souhaite et avant qu'il fût huit jours, qu'en penserait monsieur?

— Je penserais que ce quelqu'un est un homme fort habile.

— Et ensuite?

— Ensuite je lui offrirais mes remercîments.

— Monsieur est généreux. Cependant les choses ont besoin d'un petit éclaircissement préalable. Il y a une condition.

— Et laquelle, monsieur?

Le petit homme se pencha vers mon oreille et y versa une confidence plus complète. Je compris alors l'affaire et restai un instant décontenancé. J'ignorais s'il y avait un piége là-dessous, et je regardai avec défiance mon mystéreux interlocuteur.

— Vous m'étonnez! lui dis-je.

— C'est comme ça.

— Et combien?

— Cela dépend.

— Comment, cela dépend?

— Oui; cela dépend de la signature que nous donnerons à monsieur. Il est bon que monsieur sache, pour son instruction particulière, que nous avons trois signatures : l'une qui ne signifie rien, la seconde qui ne signifie pas grand'chose, la troisième qui a une valeur. Maintenant, quelle est la signature que monsieur désire? Est-ce celle qui ne signifie rien?

— Mais du tout; que voulez-vous que j'en fasse?

— Alors ce sera celle qui ne signifie pas grand' chose.

— Mais non! mais non!

— Diable! monsieur est connaisseur; il veut la signature qui compte, qui a une valeur.

— Certainement.

— Oh! alors, monsieur porte haut ses vues! ce qu'il y a de meilleur, peste! le premier choix!

— Comme vous dites. Et sur quel pied traiterait-on?

— Voulez-vous que j'aille rondement en affaire, là, sans tâtillonner, sans lanterner?

— C'est ma manière; vous m'obligerez.

— Eh bien, dans ce cas...

Il se pencha de nouveau vers mon oreille et y versa une nouvelle confidence. Cette fois, au lieu de demeurer interdit comme tout à l'heure, je me récriai. Le coup avait porté sur le vif.

— Tudieu! dis-je, c'est salé!

— C'est comme ça.

— Mais cependant...

— A prendre ou à laisser. Je n'ai plus un mot à dire, vous réfléchirez maintenant.

Ma décision fut bientôt prise; il s'agissait de mon repos, de ma tranquillité compromise par les irruptions de l'art chevelu; j'arrêtai le petit homme au moment où il allait sortir de mon cabinet:

— Eh bien, lui dis-je, c'est fait; touchez là.

— C'est fait, répliqua-t-il en me tendant la main.

Il me quitta. Huit jours après, je recevais un avis officiel de la ville. Mon alignement m'était accordé avec toutes les conditions que l'architecte regardait comme indispensables au succès de mon monument. Quand j'annonçai cette nouvelle à mon artiste, il frappa les carreaux de sa canne pour la dernière fois, et s'écria radieux :

— Les maltôtiers! Enfin, je tiens mon chef-d'œuvre. Dans six mois on parlera de vos clochetons, messire : je ne vous dis que ça.

Et il partit en brandissant son implacable bambou. J'en étais délivré; mais Dieu sait à quel prix!

XII.

UN SUCCÈS CHEVELU.

Parmi les célébrités qui fréquentaient ma maison figurait ce que l'on se plaît à appeler un Génie. Le mot a été prodigué, mais il a encore quelque valeur. C'est, du reste, un état plein de charmes, quand on l'exerce en conscience et avec gravité. Tout homme qui hésite ou qui doute y est impropre; il faut croire en soi pour y exceller et ne pas broncher dans cette croyance. Alors on monte sur les sommets de l'art; on devient un Génie qui a du métier, qui sait son affaire. C'est l'idéal de l'emploi.

Le Génie qui daignait m'honorer de ses visites, et que je n'amoindrirai pas en employant son nom vulgaire, était particulièrement doué de cette bonne opinion de lui-même qu'il déguisait sous une modestie parfaite. Il est impossible de s'adorer avec plus d'humilité, de poser avec plus de décence. Il ne tenait pas aux apparences de l'orgueil, et c'était de sa part une preuve d'esprit : en toutes choses, il songeait aux réalités, pierre de touche du vrai génie. J'ai vu peu d'amours-propres se déguiser avec cet art, et s'envelopper d'une candeur plus habile. Du reste, c'était le moindre contraste qu'offrît mon Génie; on eût dit une antithèse vivante. Les instincts révolutionnaires étaient tempérés chez lui par des formes pleines de goût et de dignité; il n'avait du niveleur que la plume, et faisait du bouleversement littéraire en gants Jouvin.

Le don éminent de mon ami le Génie était de ne jamais s'abandonner. Il avait, sur la manière dont se forment les réputations, des idées qui témoignaient une profonde connaissance du cœur humain, il ne croyait à aucune des chimères des âmes adolescentes : par exemple, au succès naturel et spontané, à l'hommage que le public rend de lui-même au mérite. Il n'avait vu des triomphes de ce genre se réaliser que pour les morts, et encore la vanité personnelle d'un vivant y était-elle presque toujours intéressée. Pénétré de cette conviction, que les œuvres sont ce qu'on les fait, et qu'une vogue ne rapporte qu'en raison des soins qu'elle coûte, il avait introduit ce principe dans sa pratique littéraire, et s'était frayé des voies nouvelles dans la préparation de l'enthousiasme public. Avant lui, personne n'avait manipulé l'opinion avec cette délicatesse, excité la curiosité avec ce tact, maîtrisé la vogue avec cette puissance. N'eût-il été Génie que par ce côté, il l'était en dépit de ses ennemis.

Le Génie en avait, des ennemis; n'en a pas qui veut! Le premier, il avait compris que les ennemis forment un élément essentiel de la gloire, qu'ils réchauffent l'attention, et qu'ils peuvent être employés utilement dans ce travail de notoriété que toute œuvre nécessite pour devenir célèbre. Les ennemis seuls tiennent en haleine le zèle des partisans, éveillent dans le public un sentiment passionné, créent la controverse et poussent au scandale, cet apogée de la tactique. Qu'en résulte-t-il? que le public se trouve saisi de la chose avant l'événement, qu'il s'en occupe, prend parti pour ou contre, et livre, à son sujet, des combats dans le vide. L'univers ne connaît pas le premier mot du chef-d'œuvre, et il est prêt à en venir aux mains pour l'attaquer ou pour le défendre.

Voilà dans quel genre opérait mon ami le Génie ; quel que fût le sujet sur lequel il s'exerçait, c'était toujours enlevé. Jamais je n'ai vu faire de meilleure besogne. Au moment où je le connus, il avait à lancer une pièce intitulée *les Durs à cuire*, ouvrage taillé dans le granit et le porphyre, travail babylonien et basaltique, étude de mages et d'hiérophantes. Par son caractère de simplicité, cette pièce rappelait la Bible ; par sa profondeur sombre, les védas indous ; par son charme, la Genèse ; par ses expiations, le Coran, c'est-à-dire toutes les traditions et tous les cultes. Chaque personnage avait dix mètres, mesure légale, et une vieillesse robuste comme celle de Mathusalem. De là ce titre de la pièce : *les Durs à cuire*. Quels gaillards! Sans le public, jamais on n'en eût vu la fin ; lui seul a pu les enterrer.

Il fallait donc lancer *les Durs à cuire;* mon ami le Génie se mit à la besogne. Le premier point d'appui était dans les journaux ; il y comptait des cœurs dévoués, des amitiés vives ; cette puissance ne lui fit pas défaut. De mille côtés s'éleva un concert d'éloges hyperboliques. L'auteur, à croire les plumes sympathiques, avait mis la création entière à contribution pour que rien ne manquât à son œuvre. Il avait fendu les Pyrénées pour y sculpter ses héros, à la façon des chevaliers de la Table-Ronde ; il s'était permis de tronquer les sommets des Alpes pour leur confectionner des piédestaux. Tous ses personnages pleuraient des fleuves et gémissaient à la façon des tempêtes ; les plus hauts chênes leur servaient de cure-dents, et les lacs de plats à barbe. Ainsi parlaient les panégyristes chevelus ; le Génie les remerciait du geste, tout en les trouvant trop discrets et point assez génésiaques. Hélas ! ce n'était pas faute de bonne volonté ; mais la barbe la plus exaltée du monde ne peut donner que ce qu'elle a.

Quand le Génie vit que les journaux menaient naturellement leur petit bruit, il se préoccupa d'autres soins.

— Maintenant, s'écria-t-il en frappant son front olympien, il faut que je cherche des interprètes pour mon monument.

Puis, se tournant vers le directeur du théâtre qu'il honorait de son œuvre, il lui dit avec une modestie adorable :

— Mon cher, je déroge en venant chez vous, je le sais ; mais je suis bon prince, je veux vous protéger ; seulement, permettez moi de vous poser une petite condition.

— Laquelle, Génie ?

— C'est que je serai le maître de la maison. Vous vous montreriez trop regardant ; laissez-moi dégourdir vos petites économies. Je veux trois décorations splendides et quatre séries de costumes tout battant neufs, des barbes qui n'aient jamais servi, et des casques moyen âge qui ne soient pas renouvelés des Grecs. Voilà le premier article de mon ultimatum.

— Qu'il soit fait comme vous le désirez, Génie !

— Ensuite, il me faut des sujets qui aient des poitrines d'acier, des poignets d'airain, des pieds de bronze, des bras de fer, des poumons de platine. Je veux que les articulations soient parfaitement souples, les muscles élastiques, les nerfs sensibles, les membres désossés. Les acteurs marcheraient sur la tête et parleraient du ventre, qu'ils n'en conviendraient que mieux. J'ai l'emploi de ces petits talents de société.

— On cherchera ce que nous avons de mieux, Génie !

— Palsambleu ! j'y songe : il y a une actrice à Saint-Pétersbourg qui doit réussir dans un de mes rôles. N'oubliez pas de m'embaucher cela.

— Cela sera peut-être cher, Génie. Vingt ou trente mille francs de dédit !

— Mettez cinquante mille, et ayons-la. Cette femme a l'œil de vipère ; c'est hors de prix.

— Soit, Génie ; mais l'autre ?

— Quelle autre ?

— Celle qui tient l'emploi, Génie !

— Je lui donnerai un de mes autographes, mon cher, et elle nous devra encore du retour.

— Vous croyez, Génie ? elle est difficile à vivre, pourtant ; elle ne se payera pas de cela.

— Eh bien ! mon cher, qu'elle nous fasse un procès, voilà qui arrangera tout le monde! Un procès, deux procès, vingt procès! Que les tribunaux retentissent de ses plaintes! qu'elle y traîne ses regrets et ses douleurs! ce sera au mieux. Par saint Georges! dira le public, il faut que cette pièce soit quelque chose de bien babylonien, pour que cette créature vienne gémir sur le malheur d'en être évincée. Ainsi donc, un procès, deux procès; les petits procès entretiennent les grands drames. Nous payerons les hommes de loi, s'il le faut.

— Vraiment, Génie, je vous admire.
— Faites, mon cher, ne vous gênez pas.

On le voit, mon ami le Génie pensait à tout. Il traitait une première représentation comme un général traite un plan de campagne, formait ses cadres, déployait ses ailes et groupait son corps d'armée. Que vouliez-vous que fît un directeur contre une si belle ordonnance? Il paya et s'effaça. On se procura des sujets constitués, autant que possible, d'après le programme du grand homme, et on leur prépara les poumons de manière à les rendre propres au service qu'ils allaient soutenir; car l'un des titres de mon ami le Génie, c'était la tirade démesurée. L'art-chevelu a fait une révolution pour abolir les tirades de l'art bien peigné. On a ainsi passé par les armes l'exposition du premier acte, le songe du deuxième et le récit du dernier, avec les : *O ciel! en croirai-je mes yeux?* et les : *Madame, qui l'eût dit?* C'est bien; je suis de ceux qui trouvent qu'il y en avait assez comme cela : en fait de tirades, les plus courtes sont les meilleures. Mais, après avoir aboli la chose, peut-être eût-il mieux valu ne pas la recommencer sur des dimensions plus effrayantes. C'est pourtant ce qu'ordonnait l'esthétique de mon ami le Génie : pour guérir complétement le public de la tirade, il l'administrait à haute dose. Là où trente vers suffisaient autrefois, il en mettait cent cinquante : d'où l'impérieuse nécessité d'obtenir des poumons capables d'un pareil effort.

A l'aide de ces brillants moyens, le succès se préparait à vue d'œil. On citait partout *les Durs à cuire*, on s'emparait des moindres indiscrétions de coulisses, on se communiquait, sous le sceau du secret, des vers bizarres que mon ami le Génie jette dans ses œuvres comme Dieu a mis des taches sur le soleil. L'actrice qu'il comptait attacher au char de sa gloire ne voulait pas quitter Saint-Pétersbourg, où elle avait des engagements avec le czar; il fallut négocier, échanger des notes diplomatiques et des billets de banque. Chaque acteur essentiel du drame exigeait qu'on lui fît un sort, qu'on lui assurât une retraite pour ses vieux jours et une maison de campagne dans un canton salubre. Il en est même qui voulurent se prévaloir de cette occasion pour demander des récompenses civiques et se faire exempter du service de la garde nationale. Le Génie parvint à calmer cette effervescence de prétentions en promettant à chacun d'eux trois autographes et une ligne dans sa préface, ce qui valait mieux que des rentes sur le grand livre.

Il n'était plus bruit que de cela. Les procès survinrent et donnèrent un nouvel élan à la curiosité. Quelque feuille que l'on ouvrît, quelque part que l'on allât, on retrouvait *les Durs à cuire*. On en parlait dans les salons, aux chambres, à la cour, dans les cercles, dans les foyers de théâtres, dans les estaminets, partout. L'école de droit en rêvait, le commerce s'en préoccupait, la magistrature en était saisie et jouissait des bagatelles de la porte avant d'être admise aux émotions du spectacle. Mon ami le Génie triomphait dans sa chevelure ; jamais manipulation préparatoire n'avait placé une œuvre aussi haut ; jamais semailles n'avaient promis une telle moisson. Il était question de quatre parodies : le grand homme voulut les inspirer, les surveiller lui-même, y faire verser quelques grains d'encens, savoir à quel gros sel on le mettrait. Les Génies n'oublient, ne négligent rien ; ils sont grands par le détail comme par l'ensemble. J'assistai à ces préparatifs avec l'intérêt qu'un ami pouvait y prendre. Le Génie avait su que Malvina, dans la première période de notre liaison, s'était mêlée de succès dramatiques, et qu'elle y avait déployé une certaine habileté de combinaisons. Cette circonstance me valut, de la part du grand homme, un redoublement de poignées de main et une place plus avancée dans son estime. Moi-même j'étais devenu un fanatique admirateur de son œuvre, et en toute occasion je me livrais à une propagande illimitée. Je ne connaissais pas le premier mot de la pièce, mais je n'en étais que plus propre à en célébrer les beautés.

La veille du jour décisif, le Génie passa en revue ses troupes et les anima par diverses harangues. La première s'adressa aux acteurs, c'est-à-dire à l'état-major de l'armée. Ils se montrèrent tous pleins de feu, résolus à vaincre ou à succomber glorieusement. Le grand homme parut content de cette attitude.

— Mes amis, leur dit-il, que chacun fasse son devoir, et j'aurai soin de tout le monde. Vous, Fier-à-Bras, je vous promets de vous comparer à un marbre de Farnèse; vous, Lame-de-Couteau, vous serez l'un des angles de l'obélisque de Luxor; vous, Contre-Basse, vous serez la note lugubre du chêne dodonien. Je ferai de tous les autres des propylées garnis de sphinx mystérieux, des memnoniums, des cryptes, des dolmen, des jardins de Sémiramis, tous monuments plus ou moins babyloniens. Les plus sages auront, en outre, un autographe. Je veux faire royalement les choses.

Après l'état-major vint le tour des soldats. Cette troupe était en général mal couverte, et ne brillait pas par le physique. Le Génie, dans le cours de son inspection, ne parut pas s'inquiéter du visage, mais il regarda beaucoup aux mains, les plus crasseuses et les plus solides que l'on pût voir. Ce détail le satisfit, et après avoir laissé tomber sur ce bataillon aguerri un regard à la fois digne et caressant, il prit à part une espèce d'Hercule qui remplissait le rôle de chef de manœuvre :

— Mitouflet, lui dit-il en lui présentant un manuscrit, voici votre affaire, il faut étudier cela d'ici à demain.

— Maître, vous serez obéi.

— Attention surtout au manuscrit! toutes les intentions y sont notées! Il y a le grand battement, le battement moyen et le petit battement.

— Connu, maître!

— Le petit battement, Mitouflet, pour les émotions douces! Ménageons la sensibilité du public. Le battement moyen pour les vers à effet et les périodes à ciselures! Ceci est propre à tenir en haleine les connaisseurs et les hommes de style. Quant au grand battement, il faut le garder pour les coups de théâtre, les temps de passion incandescente! Alors, Mitouflet, lancez-vous : un tremblement, un tonnerre, ce que vous voudrez! Point de limite à votre admiration, Mitouflet; faites crouler la salle, le propriétaire a de quoi. Il la rebâtira. Vos trois cents battoirs en branle, et mettez à l'amende ceux qui molliront.

— Cela sera fait, maître.

— Bien, Mitouflet; s'ils enlèvent la chose, ils auront tous un autographe; je me fends de ça.

Qu'on juge de l'enthousiasme qu'excitaient parmi ces hommes naïfs, ces enfants de nature, de pareils encouragements distribués sur le front de bataille. Est-il étonnant que des hommes ainsi préparés aient poussé l'admiration jusqu'au pugilat!

Enfin le soleil se leva sur cette mémorable journée. Le bruit que l'ouvrage avait fait attira une grande affluence d'amateurs vers le bureau de location. On vint en prévenir mon ami le Génie.

— Pour qui me prenez-vous? répliqua-t-il. Des *payants*, des gens qui se mêlent de juger, fi donc! Pour avoir une salle à douze degrés au-dessous de zéro! merci. N'ouvrez pas les bureaux; que tout se passe en famille. Où peut-on être mieux? comme dit la romance.

En effet, le public fut congédié, et l'on s'épargna même le petit simulacre d'une distribution exiguë. Dans les cabarets et les estaminets voisins s'organisait l'assemblée brillante qui devait accueillir le chef-d'œuvre à son entrée dans le monde. C'était une phalange de marchands de chaînes de sûreté et de pastilles du sérail, de proxénètes et de spéculateurs en contre-marques, de bijoutiers en plein vent et de fabricants de métal d'Alger, tous arbitres de choix et nourris de haute littérature. A leurs côtés devaient se grouper les débris de l'art chevelu, ces rares et derniers desservants d'un culte en ruine ; puis quelques hommes et femmes du monde qui sont de toutes les fêtes au même titre que les journalistes et les gardes municipaux. Bref, on devait y voir ce que l'on nomme, en style de feuilleton, l'élite de la société de Paris. Le feuilleton ne se prive jamais de se faire ce petit compliment à lui-même.

Il m'en souvient : nous occupions une loge de face, et Malvina avait fait à l'ouvrage de notre ami la galanterie d'une toilette à l'anglaise. Les femmes appellent cela s'habiller ; le mot opposé serait plus juste.

Le satin, la dentelle, le bouquet de violettes de Parme, rien n'y manquait. Placée en évidence, madame Paturot devait produire un grand effet, et exercer quelque action sur la partie élégante de la salle. Ce drôle de Mitouflet s'en aperçut et compromit ma femme par un sourire ; il semblait, le vil salarié, vouloir s'élever jusqu'à nous ou nous faire descendre jusqu'à lui : « Vous êtes des amis de l'auteur, je suis un ami de l'auteur : voilà un lien ; touchez là, et travaillons de concert. »

En effet, la besogne marcha rondement. Dans le cours des premières scènes, Mitouflet ménagea ses moyens et préluda par le battement contenu. C'était comme une admiration qui s'essayait et qui, dans un premier essor, se tenait sur ses gardes. Du reste, l'attitude de ces trois cents vendeurs de contre-marques et de chaînes de sûreté était particulièrement édifiante; vous eussiez dit de vrais juges, des êtres pénétrés des beautés de la langue. On les voyait se dilater, s'épanouir, comme s'ils eussent parfaitement compris. Trente d'entre eux ne parlaient que l'allemand. Mitouflet surtout avait une pose magnifique : l'œil fixé sur l'acteur, il épiait la minute précise où l'applaudissement arrive à point, et l'arrêtait quand il pouvait nuire.

Toutes les nuances que notre ami le Génie avait indiquées, Mitouflet les saisit, les fit valoir, les développa. Du battement contenu il passa par les variétés du battement expansif, pour arriver au trépignement. Au dernier acte, cet enthousiasme littéraire ne connut plus de frein ; la légion romaine souleva les banquettes et s'en fit des instruments d'admiration. Ceux qui ne parlaient que l'allemand éclataient surtout en transports extraordinaires. La voix de la conscience ne les troublait pas dans l'expression de leur ravissement ; peut-être même avaient-ils cru retrouver dans certaines parties de l'ouvrage un souvenir de l'idiome national.

En présence de cette ovation tumultueuse, Malvina ne se prodigua point; elle vit que notre ami le Génie pouvait marcher seul et que son affaire était montée de main de maître. Avec une salle ainsi composée, l'ouvrage devait aller aux nues : il y alla, et même plus haut ; le difficile était de l'y soutenir. Voilà où se trouvait le revers de la médaille. Les marchands de contre-marques passent, et les pièces ne restent pas. Mais notre ami le Génie se consolait aisément de ces petites disgrâces. Pourquoi se serait-il désespéré? Ne lui restait-il pas la conscience de sa force et l'estime de Mitouflet?

XIII.

LES SOCIÉTÉS PHILANTHROPIQUES ET SAVANTES.

Malvina faisait les honneurs de son salon avec un si grand naturel et une originalité telle que de tous les coins de Paris on y accourait. Les présentations se succédaient sans relâche; les arts avaient pris les devants, les sciences vinrent ensuite. Les premiers érudits que nous vîmes appartenaient à ces associations qui perchent on ne sait où, et représentent on ne sait quoi. L'univers ignore jusqu'à leur nom, et elles n'en continuent pas moins à marcher avec une assurance et une opiniâtreté qui étonnent. Toutes ont des présidents honoraires qui n'ont jamais rien présidé, des présidents et des vice-présidents titulaires qui se prennent au sérieux d'une manière incroyable, des secrétaires, des trésoriers et des agents qui s'imaginent que l'univers a les yeux fixés sur eux. De temps en temps ces sociétés s'assemblent le soir entre quatre chandelles, et se livrent, de la meilleure foi du monde, à des discussions assaisonnées de répliques, à des rapports, à des scrutins, à des procès-verbaux. Les pairs de France donnent volontiers dans ces délassements de l'esprit et du cœur; il en est qui président jusqu'à trois de ses sociétés avec une gravité et des besicles dignes d'un meilleur sort.

L'un des hommes qui me furent présentés jouait un rôle dans la société générale des naufrages, installée rue Neuve-des-Mathurins, au fond d'une cour. C'est de là qu'elle veille sur les navires en perdition, et couvre les mers de bouées de sauvetage. Aucune société ne menait alors plus de bruit dans les colonnes de la publicité et ne se livrait à plus d'expériences ingénieuses. Le jeune complice de cet établissement philanthropique nous tenait au courant de mille inventions faites pour inspirer une grande idée de l'intelligence humaine. On venait d'imaginer, par exemple, les radeaux insubmersibles à double fond et à diverses fins. Le naufragé se tenait sur la plate-forme, tandis que le poisson destiné à sa subsistance barbottait en dessous. L'instrument de salut devenait ainsi un dépôt de vivres; c'était à la fois une nef et un vivier. Un naufragé muni d'une machine semblable aurait pu traverser l'Atlantique, en s'indigérant de cabillauds, de thons et de dorades. Le désastre se changeait en une partie de plaisir.

C'était ainsi que la société semait de fleurs la vie des naufrages. Elle avait établi, en théorie, que la mer est un élément perfide dont il faut se défier; vérité neuve et peu consolante! Qu'opposer à cela? Des précautions, des préservatifs : si l'onde est traîtresse, l'homme doit se montrer prudent. Ces divers axiomes avaient conduit les chefs de l'établissement philanthropique à la découverte du matelas et du gilet de flanelle insubmersibles. Voici en quoi consistaient ces deux meubles hydrostatiques. Le gilet et le matelas se composaient d'un double caoutchouc, que l'on emplissait d'air, à l'instar d'une vessie : gonflés à point, ils soutenaient à fleur d'eau le corps le plus pesant, et, en déployant un mouchoir, homme et matelas pouvaient cingler vers les mers de la Chine.

Quant l'invention eut été bien mûrie, on voulut en faire l'essai. Avec un sujet habile dans l'exercice de la nage, le public aurait pu croire à une supercherie : on choisit donc un individu, estimable d'ailleurs, mais totalement étranger à l'art de la coupe et du plongeon. C'est bien : on pose la victime sur le matelas gonflé d'air, et on la pousse vers le large. O miracle ! on dirait une autre Délos : l'homme surnage ; le flot le berce comme un triton ; l'humide divan paraît agréable et moelleux. Quel spectacle ravissant ! la galerie en est enchantée et bat des mains. Malheureusement un poisson encore novice avise cet objet flottant, et, trompé par l'apparence, il y mord. C'en est assez pour couler la découverte. Le caoutchouc offre une issue à l'eau, qui s'y précipite. Adieu le matelas et le sujet qu'il porte ; la mer s'entr'ouvre, et s'étend ensuite sur le tout comme un funèbre linceul. Il est vrai que la victime de l'expérience est désormais à l'abri de toute espèce de naufrage.

Autre essai maintenant. Il est unanimement reconnu qu'un navire mouillé dans une rade foraine, à peu de distance de terre, ne se trouve pas fort à l'aise quand il arrive une tempête. Comment le secourir dans sa détresse ? Il est également prouvé que, lorsqu'un bâtiment se jette à la côte, il n'est pas toujours facile de porter à bord une amarre pour opérer le sauvetage des équipages. Comment y remédier? C'est sur ces points délicats que s'était exercée la sollicitude de la société de la rue Neuve-des-Mathurins. En combinant la balistique et les plantes textiles, elle avait trouvé la bombe-amarre, c'est-à-dire l'un de ces secrets que, de loin en loin, le génie humain surprend à la nature. Voici la manière de s'en servir : on place une bombe dans un mortier, en adaptant au projectile une cordelette souple, et cependant capable d'une grande résistance. On charge la pièce, on met le feu, la bombe part en entraînant l'amarre. La direction a été bien calculée; le projectile passe par-dessus le bâtiment en péril, et y dépose, dans son mouvement parabolique, la corde bienfaisante que lui envoie la société des naufrages, située rue Neuve-des-Mathurins, au fond d'une cour. Le bâtiment s'empare de ce bienfait particulier, et bénit la société générale.

C'est touchant; mais il faut voir la découverte en action. Descendons sur les rivages de la mer. Un navire est là sur la côte ; il tire le canon de détresse ; c'en est fait de lui, si on ne le sauve pas. La société s'empresse d'accourir ; elle fait marcher ses mortiers, ses bombes, ses amarres, ses matelas, ses gilets insubmersibles. Tout le matériel est mis en mouvement. La pièce est chargée, la cordelette préparée; le coup part. Hélas! on a mal calculé la résistance du vent, on s'est mépris sur la distance au milieu de la brume qui couvre l'horizon, et voilà qu'au lieu de dépasser le bâtiment en perdition, le projectile y tombe en plein, y fait un trou énorme, l'entr'ouvre et le coule.

L'équipage n'a pas même le temps de remercier ses sauveurs ; il disparaît et se trouve désormais à l'abri de tout naufrage. Un bienfait, assure-t-on, n'est jamais perdu ; les bâtiments n'ont pas le même privilége.

Partout cette sollicitude de la société des naufrages s'est retrouvée : on ne l'a jamais prise au dépourvu. Personne n'avait songé à l'emploi du chien de Terre-Neuve appliqué à l'humanité en péril : la société a organisé en escouades cet intéressant quadrupède et l'a dressé à la pêche des noyés. A quelque heure que l'on sonne à la porte du philanthropique établissement, on y trouve un chien de garde prêt à sauver quiconque s'enfonce dans la Seine à une demi-lieue de là. Pour peu que le noyé y mette de la bonne volonté, l'animal de service, plongeant à toute profondeur, ira le saisir par le collet de son habit, et le ramènera à terre vert comme un concombre. C'est une pêche pour la Morgue ; mais le vertueux terreneuvien n'en aura pas moins rempli son devoir, et la société lui décernera une médaille de sauveteur. Récompenser les belles actions, c'est en propager l'exercice.

Parmi les autres habitués de mon salon, il en était un qui partageait le sceptre de l'originalité avec le membre de la société des naufrages. Celui-ci appartenait à la société de statistique, et il voyait des statisticiens partout. Tous les souverains d'Europe étaient affiliés à la chose : le Grand-Seigneur et le pacha d'Égypte, le bey de Tunis et l'émir du Liban, le kan des Tartares et le schah de Perse, avaient fait acte d'adhésion ; aucune notabilité du globe ne restait en dehors de cette propagande irrésistible. Quelqu'un lui tombait-il sous la main? à l'instant même il songeait à en faire un statisticien. Un étranger arrivait-il à Paris? violant tous les droits de l'hospitalité, il le relançait, il le traquait dans son domicile, jusqu'à ce qu'il en eût fait un statisticien, et lui eût prodigué les médailles de la société. Le malheureux ne s'était-il pas mis dans la tête d'enrôler madame Paturot !

— Mais oui, madame, lui disait-il, vous faites de la statistique sans le savoir, comme M. Jourdain faisait de la prose. Combien vous faut-il de livres de beurre par jour dans votre maison? combien d'œufs? combien de viande? combien de pain?

— Bah! des comptes de cuisinières, répliqua Malvina.

— Mais, madame, votre cuisinière aussi en fait, de la statistique. Que c'est donc là une belle science! Quel plaisir de se dire, par exemple : Paris consomme annuellement tant de volailles, tant de gibier, tant de marée. Il s'y abat tant de bœufs, tant de veaux, tant de moutons. On y assassine par an tant de personnes, on y dévalise tant de boutiques, on y escamote tant de foulards...

— Jolis commerces! Et vous trouvez du plaisir à compter tout cela, monsieur le savant?

— Si j'en trouve, madame! la science est comme le feu : elle purifie tout. Il n'est rien dans l'échelle sociale qui ne soit de notre ressort. Moi qui vous parle, je sais le nombre des grains de blé qui existent dans nos greniers, et, à un franc près, la somme que rapporte annuellement le commerce de la galanterie...

— C'est du propre ! Et vous croyez qu'on ne vous refait pas, monsieur le savant? Vos grains de blé, je vous les passe ; mais le reste, merci. Pour tout voir, il faudrait de meilleures lunettes que les vôtres.

Évidemment Malvina refusait de mordre à la statistique : l'apôtre de cette science se rabattit alors sur moi, et parut disposé à me combler de ses médailles. Certes, l'honneur de figurer sur ses listes à côté de têtes couronnées était un avantage inestimable ; cependant il me restait quelques scrupules au sujet de ma compétence. J'avais le préjugé de croire que, pour devenir membre de la société de statistique, il fallait être statisticien, ne fût-ce que d'une manière superficielle.

— Erreur, me dit alors le desservant de la science, erreur pure, cher monsieur Paturot ! Mais si vous le prenez ainsi, il n'y aura plus de société possible. Nous avons eu, par exemple, la société encyclopédique : quel était le but de l'institution ? de dîner une fois par mois avec des boyards russes et des magnats hongrois. Alliance gastronomique des peuples ! Un estomac suffisait pour cette fonction sociale et ce devoir de cosmopolitisme. Nous avons l'institut historique qui compte une foule de clercs d'huissier et de surnuméraires, tous adolescents de la plus grande espérance. Leur grand bonheur est de dire qu'ils appartiennent à l'institut... historique. Cela suffit à ces êtres naïfs qui sortent des mains de la nature. Nous avons la société de géographie, où figurent d'excellents agronomes, et qui découvre la

Méditerranée douze fois par an, sous le prétexte que ses hauts titulaires ont pris part, dans leur bas âge, à la campagne d'Égypte.

— Au fait, l'Égypte est du ressort de la géographie.

— Qui le conteste? L'Égypte en est, la Grèce également, le Brésil aussi : ces trois contrées intéressantes figurent dans le bureau; elles y absorbent l'attention et évincent le reste de l'univers. Règle générale : toute société est instituée pour le bénéfice et l'usage de dix ou douze gros bonnets; le reste n'a plus qu'à passer à la caisse pour verser sa cotisation. Nous vous lancerons dans les hauts emplois, monsieur Paturot!

— Vous êtes trop bon, monsieur.

— Ah! vous ne connaissez rien à la statistique. Eh bien! nous vous mettrons à la tête des travaux : ils ne peuvent qu'y gagner.

— Je ne sais vraiment, monsieur...

— Allons, point d'enfantillage ; c'est partout ainsi. Paris compte soixante-dix-sept sociétés savantes, comprenant ensemble six mille cinq cent quatre-vingt-neuf membres, dont l'âge moyen est de vingt-huit ans, ce qui prouve que la jeunesse donne beaucoup ; dont la taille moyenne est de un mètre soixante-six centimètres, ce qui prouve qu'une stature élevée n'est pas le signe d'une vocation scientifique. Pardon, si je fais un peu de statistique; c'est pour me tenir en haleine.

— Faites, monsieur ; j'y prends goût, je vous assure.

— Parmi ces savants, ou prétendus tels, la proportion des cheveux blonds ou cendrés aux cheveux châtains ou noirs est de quarante-trois sur cent, ce qui indiquerait que la nuance la plus prononcée emporte la balance. Les chevelures rouges n'y contribuent que dans une proportion de cinq sur cent : je serais fort embarrassé de dire ce que cela prouve. On a découvert dans les rangs de ces sociétés deux mille deux cents verrues, cinq cents surdités, quinze cents myopies, deux cents paralysies, cinquante catalepsies, ce qui prouve que cette classe intéressante n'est point à l'abri des infirmités humaines. Chacun de ces individus consomme par jour, en moyenne, huit hectogrammes de viande de boucherie, deux hectogrammes de poisson, un kilogramme et trois décagrammes de pain, ce qui prouve qu'ils ne se nourrissent pas seulement des lumières que verse sur eux la société. Excusez-moi si je persiste à vous inonder de statistique ; j'ai fini.

— Mais, monsieur, je trouve ces détails-là pleins d'intérêt. Tudieu ! comme vous pénétrez avant dans les choses !

— Eh ! cher monsieur Paturot, vous ne voyez qu'un coin de la question. Il ne se remue pas en France un petit doigt que la société de statistique n'en soit informée. Nous savons le nombre d'œufs frais qui se dévorent chaque matin, nous avons même pu calculer approximativement le nombre des oiseaux qui peuplent l'air, les poissons qui habitent la mer ; rien dans la création ne se dérobe à notre puissance.

— Ah çà ! mais vous m'effrayez ! Comment voulez-vous que je me tienne à la hauteur d'un pareil effort ?

— Bagatelle ! mon collègue, vous vous y ferez :

il n'y faut qu'un peu d'assurance. Par exemple, vous dites : il se récolte en Espagne *trois milliards cinq cents millions trois cent mille gerbes et demie de blé;* notez cette demie, elle est essentielle : c'est la pierre de touche d'un calcul méticuleux. Cette demie s'empare sur-le-champ du public. Voyez, dit-il, quelle exactitude! ces gens-là comptent jusqu'aux fractions. Et votre chiffre est désormais parole d'Evangile. Avec votre moitié de gerbe vous avez conquis plus de convictions qu'avec les trois milliards. C'est de la plus haute statistique.

— Oui, très-bien pour le vulgaire; mais les connaisseurs?

— Les connaisseurs! vous n'avez qu'un mot à leur répondre : — Allez-y voir! Du diable s'ils iront. Vous avez compté ou vous n'avez pas compté les trois milliards cinq cents millions trois cent mille gerbes et demie de blé, peu importe, la statistique n'en est pas à cela près; mais aux contradicteurs vous dites: —Comptez d'abord, et vous me combattrez ensuite. Jusque-là je vous récuse.

— En effet, c'est adroit.

— C'est triomphant; jamais ça ne manque son coup. Il n'en est pas un parmi ces sceptiques qui poussera l'indélicatesse jusqu'à faire le voyage de la Péninsule afin d'y compter les trois milliards cinq cents millions trois cent mille gerbes et demie de blé. Restez à cheval sur votre chiffre, et n'en rabattez pas un épi. Vous avez le premier mot et vous aurez le dernier. Votre détracteur est réduit au silence, et le tour est fait. Vous pouvez passer sans danger à d'autres exercices.

Ces confidences me donnèrent du courage, et je consentis à laisser mettre mon nom sur les listes de la société de statistique, à côté de celui du roi des Français et de tous les souverains de l'Europe. On me décerna la médaille du grand module, et on m'envoya un diplôme où l'on parlait avec emphase de mes travaux. Ce que c'est que le prestige d'un titre! La veille encore, je ne croyais pas à ma vocation de statisticien; dès que j'en eus le brevet, il me sembla que je n'avais pas été autre chose de toute ma vie. Pour justifier l'honneur que l'on me faisait, je dirigeai mes recherches vers un but social et domestique. Personne en France ne s'était livré à un recensement sur les chats, question importante cependant, comme consommation de débris de boucherie et comme contre-poids à la multiplication des souris. Je résolus de doter mon pays de ce travail, et de combler cette lacune.

En m'affiliant à l'une des sociétés savantes qui couvrent la capitale d'un réseau de cotisations plus ou moins volontaires, je ne savais pas à quels périls je m'exposais. A peine eus-je trahi cet état de mon âme, que je me trouvai circonvenu de mille côtés. Tout le monde voulait m'avoir, on se disputait mon nom; on m'offrait des secrétariats, même des vice-présidences. Quant aux présidences, il n'y avait pas à y prétendre: tel député en occupait cinq, tel pair de France six. En général, ces sociétés visent à l'économie; les administrateurs font les choses en pères de famille. Chacune de ces institutions n'ayant pas de quoi nourrir un agent, on a imaginé des espèces de maîtres Jacques qui font les affaires de cinq, six, et jusqu'à huit ou neuf sociétés. Ainsi la morale chrétienne touche la main à l'horticulture ; les antiquaires et les séricicoles se confondent dans la même enceinte et fraternisent dans le même local. Chacun paye ses chandelles à part, et l'agent veille à cette justice distributive.

Une ardeur immodérée de science s'était tout d'un coup emparée de moi. Les diverses branches des connaissances humaines avaient fait irruption dans mon salon, et je ne pouvais moins faire que d'y répondre par une adoption publique. C'était beaucoup embrasser, mais j'avais du loisir et un faible pour les honneurs. Pressé un peu vivement, j'acceptais presque toujours, et me montrais, en matière de cotisation, le plus libéral et le moins regardant des hommes. Dieu sait à combien d'institutions je me laissai alors affilier, et quelle situation encyclopédique je me fis en fort peu de temps !

Ainsi je devins membre des sociétés philotechnique, entomologique, asiatique, phrénologique, philomatique, numismatique, panécastique, géologique, philanthropique, de linguistique et de géographie ; des sociétés des antiquaires, de tous les encouragements, de toutes les émulations, propagations et perfectionnements possibles, des beaux-arts, des naufrages, d'horticulture, de l'histoire de France, de l'éducation progressive, des progrès agricoles, de la morale chrétienne ; je devins membre de toutes les académies, de tous les athénées, de tous les instituts, si l'on excepte celui de France.

Mes moyens me le permettaient.

XIV.

LA HAUTE SCIENCE.

Ces premiers succès me mirent en goût : je sacrifiai au culte de la science. Plus d'une fois je me laissai aller à prendre au sérieux les académies au petit pied, les instituts de pacotille, les athénées et autres inventions à l'usage d'amours-propres en disponibilité. Je paraissais aux réunions, je m'associais aux brigues qui les animaient, je risquais le discours au besoin. Enfin je faisais les choses en conscience.

Pour compléter mon éducation scientifique, je me mis alors à fréquenter les foyers du haut enseignement et des lumières supérieures, le Collége de France, la Sorbonne, l'Institut. Il me semblait que nulle part je ne pouvais trouver des notions plus sûres, ni prendre un sentiment plus complet de l'état actuel de nos connaissances. Un coup d'œil jeté sur le personnel de la Sorbonne et du Collége de France m'inspira surtout le désir d'en suivre assidûment les cours.

— Quels beaux noms, me disais-je : l'illustre Pierre, le célèbre Paul, le fabuleux Jacques, tout ce qu'il y a de plus élevé en fait de célébrités littéraires, historiques, philosophiques et scientifiques! Il faut que je passe la Seine pour aller jouir de ce spectacle.

En effet, j'entrepris ce pèlerinage, comme un croyant celui de la Mecque, heureux de penser que j'allais entendre de doctes leçons de la bouche du fabuleux Jacques, du célèbre Paul et de l'illustre Pierre, les plus beaux noms de France et de Navarre ! L'homme est toujours homme : on a beau vouloir se défendre du prestige de la notoriété, juger les choses intrinsèquement et non sur l'étiquette, malgré soi on obéit à la prévention commune ; on ne sépare jamais complétement les idées de la personne. Ainsi, je traversais le fleuve pour Jacques, Pierre et Paul, et je ne l'eusse pas fait si j'avais pensé que ces grands seigneurs de la science et des lettres se déchargeaient sur des suppléants du soin d'occuper leurs chaires et de distribuer la manne de l'enseignement officiel.

Certes, avec une préoccupation moins vive, j'aurais pu constater que ces suppléances sont remplies avec autorité, avec éclat. L'éloquence française ne pouvait trouver un plus digne interprète ; l'histoire ancienne et moderne, la législation comparée et la philosophie, étaient représentées fort convenablement. Il y avait dans cet ensemble une séve et une conscience que ne sauraient conserver les professeurs que la politique enchaîne à ses calculs. L'enseignement n'a donc qu'à gagner à ces mutations. Eh bien ! telle est la prévention humaine, que cette découverte fut pour moi un désappointement. Je ne trouvais pas ce que je cherchais et ce qu'indiquait l'Almanach royal, il me semblait que c'était un vol qu'on me faisait.

— Au moins, me disais-je, s'ils ne remplissent pas la fonction, ils s'abstiennent de toucher le salaire.

Nouvelle illusion ! Si les grands seigneurs de la

science et des lettres ne professent pas, ils émargent. Il en est, cela est vrai, qui se montrent plus désintéressés, mais d'autres n'abandonnent guère qu'une portion de leur traitement aux hommes modestes et laborieux qui occupent leurs chaires. Du reste, la Sorbonne et le Collége de France abondent en surprises. Là où, sur la foi de l'affiche, on entre pour entendre de l'histoire ancienne, le professeur en est à disserter sur un épisode de la révolution française; la législation comparée court les champs à la découverte des Whallalas et de l'idéalisme teuton; l'économie politique dévie vers les canaux et les chemins de fer; les littératures du nord se perdent dans les sierras espagnoles; les littératures du midi, dans les fictions scandinaves et les brumes allemandes. Chacun sort volontiers de sa sphère et pousse des reconnaissances hors de son programme. Pourquoi s'en plaindre, pourvu que l'inspiration ne souffre pas de semblables écarts? Il y a ensuite au Collége de France une telle prodigalité de cours, que l'embarras du choix fait le désespoir de l'homme studieux. C'est une enceinte polyglotte où l'on passe du turc au sanscrit, de l'arabe au persan, du tartare mantchou à l'indostani, du syriaque à l'hébreu, du grec au chaldaïque. Quel microcosme! Il ne manque qu'un petit détail : une chaire de géographie. On y enseigne toutes les langues du globe, on se croit dispensé d'y enseigner ce qu'est le globe lui-même. A la bonne heure, le détail vaut mieux que l'ensemble.

Mes pèlerinages scientifiques ne se bornèrent pas aux établissements universitaires : je devins l'un des habitués des réunions de l'académie des Sciences.

C'est un beau spectacle. Chaque semaine, les grandes et petites découvertes viennent demander au docte aréopage une sanction qu'envie toute l'Europe. Il me sembla bien que de temps à autre on y parlait un peu trop de la coloration des os du canard, des sondes artésiennes et de la photographie, de la lithotritie et des bateaux à pattes palmées ; mais malgré cette invasion de l'élément industriel et de la chirurgie spéciale, malgré des calculs de force infiniment trop prolongés, et des équations fatales pour les muscles zygomatiques, il n'en résultait pas moins de tout cela une puissante association de lumières et un théâtre de discussions fécondes. En considération de tant d'avantages, on peut bien fermer les yeux sur quelques écarts et sur quelques puérilités.

J'avais dans l'Institut un ami, un homme d'esprit qui me mit promptement au courant des titres de ses collègues. Dans le nombre, il est des intelligences qui, à une étude spéciale, savent unir un vaste ensemble de connaissances, de l'étendue et de la portée dans l'esprit, le don du style et de la parole. C'est là l'honneur de l'Institut, ce qui constitue sa force et imprime de l'autorité à ses travaux. Mais, à côté de ces hommes vraiment éminents, se range la foule des savants médiocres, enrayés dans une spécialité. Mon aimable cicérone les passait gaiement en revue. — Celui-ci, me disait-il, appartient corps et âme aux entomozoaires ; il a eu la chance de découvrir une quinzième articulation dans un insecte, et des antennes que personne n'avait soupçonnées avant lui. Voilà ce qui a fait sa fortune. Il passera à la postérité avec son hyménoptère, sans compter une espèce de scolopendres qui lui a de grandes obligations. Supprimez cet homme de la communauté humaine, et voilà des scolopendres qui n'occupent pas dans l'échelle des êtres le rang qui leur appartient. Lui seul a pu en faire huit genres, douze sous-genres, sans compter les variétés. Aussi est-il membre de l'Institut et décoré.

— Très-bien, lui dis-je ; et celui qui est là sur notre gauche, avec son gazon sur l'oreille ?

— Celui-ci a trouvé un trapp et il en jouit. Sans doute le trapp existait avant lui dans la charpente du globe, mais on ne savait pas au juste dans quelle proportion le feld-spath et l'amphibole concourent à sa formation. Ce monsieur a paru, et le trapp a trouvé un maître. Pendant cinquante-cinq ans, le trapp et lui se sont trouvés en présence. Enfin notre savant lui a arraché son secret ; aujourd'hui il en rend grâce à la nature. Il est membre de l'Institut et décoré.

— Ah çà ! et ce chauve qui se cache là-bas, dans l'angle de la salle ?

— Celui-ci a découvert un deuto-trito-proto-sesquibasique sous-carbonate d'iodure électro-négatif. A peu près cela, du moins. Première invention. Il a découvert que le protoxyde de manganèse est isomorphe à celui du fer, et son sesquioxyde avec le peroxyde de fer. Deuxième invention. Il a découvert que la substance des végétaux, en passant dans le corps de l'homme, y conserve son identité, de sorte que nous rendons à la terre comme engrais ce qu'elle nous donne comme nourriture. Troisième et sublime invention. Enfin il a lancé dans le monde la vache artificielle, l'un des plus beaux phénomènes des temps modernes. Cette vache est un mythe qui est censé manger du foin du Canada et boire de l'eau du Jourdain, le tout pour produire du fromage de Neufchâtel. Dernière et mémorable invention. Vous comprenez que tant de belles choses ne pouvaient pas être révélées impunément : le savant est donc membre de l'Institut et décoré.

— Parfaitement! Et le petit maigre, adossé à la colonne ?

— Celui-ci a perfectionné la respiration des plantes et la manière de s'en servir; il a vu de ses yeux d'intéressants végétaux absorber pendant la nuit l'oxygène et exhaler l'acide carbonique, tandis que pendant le jour ils décomposaient l'acide carbonique, exhalaient l'oxygène et gardaient le carbone. Voilà ce que c'est que d'étudier la nature. Il en a été récompensé : il est membre de l'Institut et décoré.

— Mais, dis-je à mon officieux moniteur, il me semble que vous ménagez peu vos confrères.

— Mon Dieu, je ne me ménagerai pas même, s'il le faut. Entre savants, nous sommes un peu comme les augures; nous gardons difficilement notre sérieux. Moi, j'ai amélioré le mollusque et complété la monographie du zoophyte; mon voisin a fait faire des progrès à la coprologie, c'est-à-dire à la fabrication des engrais; mon vis-à-vis a mesuré en mer la hauteur des lames, et envoyé un thermométographe à quatre mille pieds au-dessous du niveau de la mer. Voilà pourquoi nous sommes tous membres de l'Institut et décorés.

— Eh bien! mon cher monsieur, tous ces travaux sont utiles.

— Qui le nie? Seulement, voici ce qui arrive. A force de pousser la science dans le sens des spécialités, de raffiner les détails, si l'on peut s'exprimer ainsi, on arrive à une sorte de quintessence où tout se décompose. En chimie, j'ai bien peur que nous n'en soyons là, en mathématiques aussi. Le laboratoire et l'abus de l'x jetteront les sciences les plus positives dans les écarts de l'abstraction et dans les régions transcendantales de l'absurde. D'où cela vient-il? Cela vient de ce que l'intelligence tout entière d'un homme, et d'un homme supérieur, est tendue vers un détail, et que, quand il faut s'arrêter, il continue. On veut forcer l'analyse, et tout se disperse en atomes; on croit encore avoir en main quelque chose, que déjà tout s'est évaporé. Tel est l'inconvénient de l'effort spécial : un moment arrive, où de formel et de fécond qu'il était, il tourne au vague et à l'impuissance.

— Vous êtes sévère, cher monsieur.

— Non; c'est partout de même : on veut faire porter à une science plus qu'elle ne doit porter. Toujours un peu d'alchimie se mêle à un travail de manipulation : plus d'un, qui ne se l'avoue pas, voudrait dérober son secret au grand Hermès, et, s'il l'osait, se remettrait à la poursuite de la pierre philosophale. L'homme est ainsi fait.

Tout en causant de la sorte, nous quittâmes l'Académie des sciences; la séance allait finir; et mon complaisant moniteur voulut bien accepter une place dans ma voiture. En passant devant une salle entr'ouverte, il y entendit quelque bruit ·

— Venez, me dit-il, nous allons jouir d'un spectacle intéressant. Voici encore des collègues.

Nous entrâmes ; c'était une autre section de l'Institut qui se trouvait en séance, la section des inscriptions et belles-lettres. Les réunions n'y sont pas publiques : c'est une Académie d'intimes ; cependant, par égard pour mon chaperon, on toléra notre présence. La discussion était engagée sur la pierre de Rosette, inépuisable sujet de controverse depuis quarante-cinq ans. Le roi Lagide, qui érigea ce bloc de grès, ne se doutait pas du bruit qu'il ferait dans la postérité. Il s'agissait encore cette fois de distinguer entre l'écriture cursive et l'écriture phonétique, compliquées de signes hiératiques à l'usage des prêtres de la vallée du Nil. C'est pourtant ce simple bloc qui, depuis un demi-siècle, alimente cette discussion : sans lui, on tiendrait la langue de l'antique Égypte pour entièrement morte, et des savants ne se feraient plus adjuger des pensions sous le prétexte spécieux qu'ils l'ont découverte.

— Ceux-ci, me dit mon compagnon, jouent à l'Institut le rôle que le dicton populaire attribue à la cinquième roue d'un carrosse. Ils forment une Académie ; ils sont quarante, dix suffiraient. A proprement parler, cette Académie n'a pas de physionomie propre. Littéraire, elle se confond avec l'Académie française ; archéologique, elle confine à l'Académie des beaux-arts ; scientifique, elle touche par quelques points, tels que la géographie et l'histoire, à l'Académie des sciences et à celle des sciences morales et politiques ; c'est presque une superfétation. Quand Bonaparte la créa, il était sous le coup des impressions qu'avait fait naître en lui sa campagne d'Égypte. De là cette importance excessive donnée à l'archéologie et aux travaux de linguistique. Qu'en est-il résulté? que cette Académie ne sait où se recruter ; qu'elle est obligée d'ouvrir ses portes, tantôt à des hommes notoirement médiocres, tantôt à des écrivains qui ont des titres réels sans doute, mais non des titres spéciaux. Véritable Académie de famille, tout s'y passe sous le manteau de la cheminée.

C'est ainsi que le membre de l'Institut traçait des portraits de genre en parlant de ses collègues. Quand l'assemblée se sépara, il continua cette revue en rapprochant chaque nom de son titre spécial.

— Voici un Égyptien, deux Égyptiens, trois Égyptiens. Les Égyptiens sont ici en majorité. De ce qu'ils ont fait une macédoine qu'ils intitulent le *grand* ouvrage d'Égypte, et qui renferme deux volumes sur la flûte à l'oignon et la poterie à l'usage des hiérophantes, ils s'imaginent que l'Académie des inscriptions leur appartient. On voit bien que Bonaparte a passé par là. Mais suivons : voici un Grec, deux Grecs, trois Grecs, quatre Grecs : la Grèce donne. Si l'on calculait ce que la Grèce antique coûte aux budgets des peuples modernes, on serait tenté de faire un coup d'État et de la supprimer entièrement de la tradition. Ce serait une immense économie. Du reste, la Grèce n'empêche pas les autres pays d'avoir leur petit contingent. Voici un Hébraïsant, voici un Persan, voici un Hindou ; je crois même, Dieu me pardonne, que voici un Tartare mantchou. A la suite de ces noms arrivent pêle-mêle : esthétique, géographie, archéologie, paléographie, numismatique, tout se confond; puis peu à peu nous descendons à quoi? au néant. C'est encore un titre; la critique n'y peut pas mordre.

Mon compagnon était en verve de satire; il ne tarissait plus.

— Savez-vous, lui dis-je, que vous n'êtes pas charitable, et que vous habillez singulièrement la science?

— C'est que je l'aime, me répondit-il; je l'aime malgré le gaspillage qu'on en fait, malgré le fatras d'érudition qui la dénature. Je me dis avec douleur, mon cher monsieur, qu'on nous engage dans des voies fausses et stériles, et que les vanités d'auteur dominent aujourd'hui les progrès de l'œuvre. On travaille en vue de l'éclat et du bruit, et non en vue de résultats sérieux. Ensuite, il faut le dire, nous tombons dans la confusion des langues. On n'invente rien, si ce n'est des mots; on accroît outre mesure le bagage des technologies. Dès lors l'enveloppe de la science est plus que la science même. La philosophie croit avoir fait une découverte plus réelle dans les prédicats et les hypostases, l'objectif et le subjectif, le contingent et le nécessaire, le moi et le non-moi, que dans la définition de son objet, dans l'éducation de la conscience, la liberté de la pensée et l'aspiration vers l'inconnu. Ce qui est trop facile à comprendre paraît dangereux; on veut un idiome à l'usage des initiés, un instrument qui se prête à la divagation et simule la profondeur. C'est toujours l'histoire de Sganarelle et de son latin. Toute technologie outrée n'a pas d'autre but; elle sert de masque à la médiocrité; le vrai talent ne craint pas d'être intelligible.

Je vous ai parlé de la philosophie. En chimie, c'est la même chose; en histoire naturelle, aussi ; en médecine, également. Enfin, dans toutes les branches, la technologie procède par envahissements, elle gagne du terrain comme les plantes parasites ; et, si l'on n'y prend garde, elle étouffera la science.

Cette conversation nous avait conduits jusqu'à la porte du savant ; la voiture s'arrêta. Il descendit, et, après l'avoir salué, je me fis reconduire chez moi, un peu revenu de l'infaillibilité des connaissances humaines, et commençant à tenir pour suspecte l'autorité de leurs interprètes.

XV.

LES VOYAGEURS OFFICIELS.

Il est des mortels dont la vie est douce et heureuse : tel était celui qu'Oscar m'amena un jour. Quand un simple citoyen veut voyager, il n'a pas deux manières de s'acquitter de cette fonction sociale. Qu'il roule en diligence ou en chaise de poste, il a besoin de fonds pour payer ses frais de route. Les administrations des messageries et des bateaux à vapeur ne le transportent pas gratuitement. Il faut de l'argent pour les tables d'hôtes, de l'argent pour la chambre d'auberge ; il en faut pour les facteurs, pour les garçons, pour les commissionnaires, sans compter les excédants de poids dans le bagage. C'est une jouissance fort chère que celle des voyages ; elle ne s'exerce qu'à titre onéreux,

L'ami d'Oscar avait renversé les termes d'une situation acceptée par tout le monde : les voyages ne lui coûtaient rien ; au contraire, ils lui rapportaient. Par un tour de force inexplicable, si l'on ne savait à quel point le budget a des mœurs simples et des relations naïves, il était parvenu à mettre sur le compte de l'État ses frais de déplacement, depuis la malle-poste jusqu'à la note de l'hôtellerie. Encore ne tenait-il pas le gouvernement pour quitte à son égard, et exigeait-il de temps en temps quelques récompenses. Je ne fais aucune allusion à la croix d'honneur. Souvent des frégates mirent à la voile pour transporter sa personne, et des bateaux à vapeur chauffèrent leur machine afin de lui procurer les agréments d'une tournée de plaisance. Partout les consuls se mettaient à ses ordres, partout les ambassadeurs le couvraient d'une protection illimitée.

Quel était donc, me direz-vous, ce prince, ce magnat, ce lord, ce palatin, ce margrave, ce boyard, ce seigneur? Tout bonnement un archéologue, un dénicheur de pierres frustes. S'il n'avait pas inventé le voyage aux frais de l'État, il l'avait singulièrement perfectionné. On pouvait, en toute assurance, le nommer le roi du genre. Avant lui, l'itinéraire payé des deniers du budget était assez connu, mais cela se faisait timidement, sans aplomb, sans grâce. On avait l'air de regarder ces missions comme des faveurs subreptices, déguisées sous le nom spécieux d'intérêt de l'art. Si les fonds ne s'en dévoraient pas moins, c'était à l'aide de procédés bien peu dignes de la civilisation moderne.

Le grand Trottemard changea tout cela ; il éleva

le voyage aux frais de l'État à la hauteur d'une institution publique; il en fit une puissance qui s'avouait, qui avait la conscience de sa valeur. Non-seulement il ne pratiqua plus la chose à la dérobée et presque honteusement, mais il s'en glorifia sur toutes les colonnes de la publicité, se composa une parure des kilomètres qu'il parcourait, des pays qu'il ne visitait pas, des mœurs qu'il n'observait guère, des inscriptions qu'il déchiffrait peu et des temples dont il ne retrouvait pas la place. Voilà ce que le grand Trottemard fit pour le voyage officiel; il est vrai que la leçon ne fut pas gratuite.

Le procédé du grand Trottemard était des plus simples; et aujourd'hui qu'il est connu, on s'étonne que l'humanité soit restée si longtemps à le découvrir. Un matin, à son lever, l'archéologue superlatif se disait en se grattant la tête :

— Il me semble que j'éprouve le besoin d'aller découvrir un temple dans le Péloponèse; oui, certes, ajoutait-il, et pour la plus grande gloire de l'art. Pour peu qu'on veuille y mettre le prix, j'irai conquérir ce temple.

Là-dessus il se culottait et allait faire part de son idée au ministre de l'instruction publique. Celui-ci essayait de décliner l'honneur de ce nouveau monument en objectant que le budget français avait déjà payé soixante-quinze ruines introuvables dans le même Péloponèse; le grand Trottemard ne se laissait pas déconcerter pour si peu. Il faisait attaquer le ministre par cinq députés et dix-huit pairs de France, et la chasse au monument était ordonnée avec les moyens à l'appui. Les malles-postes et la marine de l'État devaient conduire sur les lieux l'archéologue, et les fonds lui étaient prodigués sous couleur de fouilles et d'excavations.

A peine investi officiellement, notre héros, au lieu de fuir la publicité, allait au-devant d'elle et envoyait aux journaux la petite note suivante :

« Enfin le ministère a fait quelque chose pour les arts, et nous ne
« pouvons que l'en féliciter. Il vient de confier au grand Trottemard
« une mission de la plus grande importance. Ce savant doit aller dans
« le Péloponèse découvrir un temple de Junon. Nos sympathies sont
« acquises à cette superbe entreprise. Trois dessinateurs sont attachés
« à l'expédition. »

Voilà ce qui s'appelle lancer un temple. Ce n'est pas tout. Dans chaque ville importante, en France et à l'étranger, notre héros s'arrêtait, ne fût-ce qu'une heure, pour libeller quelques lignes et les envoyer aux journaux de la localité. On y lisait :

« Le grand Trottemard vient de passer dans nos murs. On sait que
« cet illustre voyageur se rend dans le Péloponèse afin d'y découvrir
« un temple pour le compte du gouvernement français. »

Ce petit avis suivait Trottemard le long de la route, comme le remous suit le bâtiment. On pouvait le lire à Lyon, à Marseille, à Naples, à Malte, à Syra. Ainsi le bruit que menait l'archéologue s'accroissait en allant et prenait des forces à mesure que se déroulait l'entreprise. C'est surtout dans ce travail de la notoriété, dans cet art de tenir l'attention en haleine, qu'excellait le célèbre voyageur. Qu'il y eût des temples au Péloponèse ou qu'il n'y en eût point, ce n'était pas la question : l'essentiel était de trouver des journaux disposés à célébrer les mérites de la caravane entretenue aux frais du budget français. En retour des sommes allouées, il fallait bien donner signe de vie et justifier par le zèle les subsides officiels. Le laisser-aller n'est permis qu'aux ambassadeurs de Perse.

Mais c'est sur les lieux mêmes que le grand Trottemard déployait toutes les ressources de son génie. Trois mois après son départ, on pouvait lire dans un journal la lettre suivante, premier monument de la campagne archéologique :

« Sources de l'Hyblagoustos, 3 juin.

« Mon ami, nous sommes arrivés en plein Péloponèse et sur le
« théâtre de nos opérations. Voici quarante-trois nuits que je dors à
« la belle étoile, sous ce ciel de la Grèce toujours étoilé et serein. Je
« ne saurais te rendre les émotions que j'ai éprouvées en foulant les
« champs de bataille d'Épaminondas et le sol auquel se rattachent
« tant de traditions. Le pays est si pauvre et si désert, qu'à peine
« avons-nous pu nous procurer pour notre ordinaire quelques figues
« et de l'eau potable. C'est pourtant ici, me dis-je souvent, qu'est le
« berceau d'une civilisation mère de la nôtre, le premier foyer d'où
« les arts et les sciences rayonnèrent sur le monde. Dans ma cara-
« vane, trois hommes ont la fièvre, et moi-même j'en ai ressenti
« quelques accès.

« Nos travaux avancent; quelques indices d'un temple se sont ré-
« vélés à nos éclaireurs à trois kilomètres d'ici; je fais lever mes
« tentes pour aller à sa découverte. J'espère pouvoir doter ma patrie
« du monument que je lui ai promis.

« TROTTEMARD. »

Quinze jours après, une deuxième feuille recevait la suite de cette communication et insérait l'extrait suivant :

« Des sommets du mont Krakoussos, 2 juillet.

« Je croyais tenir le temple demandé, mais il nous échappe encore.
« Ce n'était qu'une hutte de chevriers. Cependant un klephte égaré

« m'annonce positivement que dans la direction de l'E. 1¡4 N.-E. je
« dois trouver un temple qui fera positivement mon affaire. Je plie
« bagage et marche dans cette direction. »

AUTRE LETTRE.

« De la vallée de Puffistan, 15 août.

« Enfin le temple est trouvé et il promet. A vue d'œil, il occupe
« quatre mille mètres carrés; c'est l'une des belles dimensions de
« l'architecture antique. Celui d'Éphèse, dont j'ai retrouvé naguère
« les fondations, n'occupe pas une plus grande surface de terrain.

« Il faut aller au ministère de l'Instruction publique pour réclamer
« les fonds nécessaires aux premiers travaux. La majesté de ce tem-
« ple exige que l'on fasse très-bien les choses et qu'on ne lésine pas
« sur les allocations. Je m'épanouis d'orgueil en songeant que je vais
« faire hommage à la France d'un monument entièrement inédit.
« Nous procédons demain aux fouilles sur une très-grande échelle ;
« mais il nous faut de l'argent, beaucoup d'argent. Les figues sont
« hors de prix, et on ne peut pas les remplacer par des pommes de
« terre frites. Le pays n'en produit pas.

« Trottemard. »

AUTRE LETTRE.

« Du village d'Acrocéronaupantoufle, le 18 octobre.

« J'ai reçu les sommes que le gouvernement nous a fait passer, et
« j'écris au ministre pour le remercier de cet envoi. Il appartenait à
« un érudit comme lui, qui porte dans son cœur le culte de l'anti-
« quité, de venir au secours d'hommes dévoués à la science. La pos-
« térité lui tiendra compte de cette grande et généreuse sympathie.

« Malheureusement, le temple sur lequel nous comptions ne s'est
« pas réalisé : c'était tout bonnement le mur d'enceinte d'une berge-
« rie abandonnée. Mais je ne désespère pas pour cela de découvrir ce
« monument. On vient de me dire que vers le S.-O. il existe des ves-
« tiges qui ont tout le caractère d'un édifice consacré au culte. J'y
« cours, j'y vole.

« Que l'on continue à nous tenir pourvus de numéraire. Les vivres
« sont toujours ici à des prix fous. Nous payons un mouton au poids
« de l'or et ne vivons souvent que de racines. Le dévouement à la
« science nous soutient.

« Trottemard. »

Tels sont les chefs d'œuvre au moyen desquels l'archéologue réchauffait de temps en temps la générosité du budget et perpétuait son nom dans les colonnes des journaux. Bien que le temple semblât fuir devant la poursuite du voyageur, celui-ci espérait toujours mettre la main dessus, et ne demandait qu'un petit crédit supplémentaire pour se procurer l'objet désiré. On allait ainsi de déception en déception jusqu'à ce qu'un ministre de mauvaise humeur coupât brusquement les vivres à l'archéologue. Alors le voyageur revenait en France, dépourvu de toute espèce de temple, et faisant retentir l'air de ses cris. Avec dix mille francs de plus, le monument était découvert; en lésinant on lui avait fait manquer sa fortune; à l'entendre, il était volé. Cependant sa mission avait coûté soixante et dix mille francs.

Tout autre que le grand Trottemard eût été rebuté par ce premier échec; lui n'y puisait qu'une force nouvelle. Le temple étant usé, il passa à d'autres exercices. Tantôt c'était le bras de la Vénus de Milo qu'il s'agissait de retrouver; tantôt une inscription babylonienne, égarée sur les bords de l'Oronte, réclamait sa présence : un jour il s'agissait d'aller reconnaître les ruines d'une ville assyrienne ou mède ; une autre fois de déterminer le cours d'un ruisseau de la Cyrénaïque. Le prétexte importait peu; l'allocation était tout.

C'est cependant là une bien singulière justice distributive. Qu'un auteur demande l'assistance du budget pour des travaux qui peuvent exercer une influence féconde sur le sort des populations, répandre des idées morales, des vues saines, des principes utiles, on lui répond qu'il ait à marcher seul et que l'État ne lui doit rien. C'est bien, si telle est la loi commune. Mais qu'on vienne proposer au gouvernement d'aller faire au loin des recherches coûteuses et stériles, de déterrer quelques hochets d'une érudition frivole ou d'une antiquité suspecte, oh! alors, le trésor public est moins rigoriste, il a des fonds; et il les distribue au hasard avec une entière prodigalité. Si quelques parasites vivent de ce gaspillage, rien n'en profite; ni l'art, ni la politique, ni la science.

Il faut que le grand Trottemard ait compris que ces plaisanteries ne pouvaient avoir qu'un temps; car lorsqu'Oscar me le présenta, il avait renoncé aux voyages. Il semblait vouloir désormais frustrer la France, la belle France, de tous les temples qu'il aurait pu ne pas découvrir. Toutefois, avec son activité et son ambition, le célèbre archéologue n'était pas homme à quitter ainsi la partie. Il avait alors en vue quelque chose de solide et de permanent en place de missions précaires et nomades, et je ne serais pas étonné de le voir un jour protecteur général de la confédération des beaux-arts de France et de Navarre. Il est plus facile d'inventer des places que de découvrir des temples.

XVI.

UNE PUTIPHAR. — PRÉLIMINAIRES D'UN EMPRUNT RUSSE.
PARTIE CARRÉE.

Depuis quelque temps, je remarquais avec un

contentement mêlé d'orgueil que ma personne avait produit un certain effet sur la princesse Flibustofskoï. Des œillades significatives, un air langoureux et mélancolique, de certaines poses, quelques soupirs à demi étouffés semblaient être les symptômes irrécusables du ravage que j'exerçais et des combats d'un cœur qui reculait devant sa défaite. De toutes les couronnes que j'avais rêvées, l'amour d'une grande dame était celle qui flattait le plus ma vanité. Il n'est rien de tel pour poser un homme; cela indique qu'il est du monde, et qu'on peut l'avouer. Distingué par une princesse, je passais prince, et même mieux, je touchais de la main gauche aux grands blasons du Nord; je rendais à la Russie une portion des dommages qu'elle cause à la France par l'intermédiaire des diplomates blonds, à la taille de guêpe, fléaux et délices des boudoirs parisiens; je vengeais ma patrie en effectuant une conquête sur l'étranger. Telle était la théorie de ma situation.

Faut-il le dire? une crainte me retenait encore. On va me trouver bien naïf, bien bourgeois, si j'en fais l'aveu. Je craignais que le bruit de mon triomphe ne parvînt aux oreilles de Malvina. Jusqu'alors la paix avait régné dans mon ménage; mes écarts d'ambition n'avaient altéré en rien nos relations intérieures. En franchissant ce pas nouveau, deux choses étaient à redouter, les scènes domestiques et les représailles. Quand la colère s'emparait de madame Paturot, elle ne ménageait rien, ni ma personne, ni les autres meubles du logis; son premier moment était toujours dur à passer, et il était rare qu'il ne laissât point de traces. Ensuite, tout déréglement s'expie et doit s'expier. Lorsque celui à qui il appartient de donner l'exemple manque à ses devoirs, il autorise autour de lui l'inconduite. J'avais, à ce point de vue, un profond sentiment d'impartialité et de justice ; je n'admettais pas, avec quelques casuistes, que l'un des sexes doit jouir ici-bas de plus de franchises que l'autre. Ce système n'eût pas convenu d'ailleurs à Malvina, qui professait, à propos du mariage, des doctrines radicales, et entendait vivre sur le pied d'une égalité absolue. Ses succès dans les rôles culottés tenaient à cette disposition d'esprit. Ainsi, d'un côté, les principes, de l'autre, une inquiétude vague, m'empêchèrent longtemps d'abonder dans les regards assassins de la princesse autant qu'elle l'eût désiré.

La chose eût pu durer longtemps ainsi, elle s'avançant de plus en plus, moi reculant toujours, si un être sauvage ne s'en fût mêlé. Le feld-maréchal Tapanowich me fit l'honneur de devenir jaloux de moi. Toutes les fois que je mettais le pied sur le seuil de l'hôtel, j'étais sûr d'apercevoir le Tartare, errant comme un ours démuselé, me poursuivant de son œil fauve, et faisant entendre, à mon approche, un grognement farouche. Plus d'une fois la princesse avait dû venir à ma rencontre pour que ce guerrier déchaîné ne me manquât point de respect, et, dans ces occasions, elle lui adressait, en langue moscovite, une correction sévère que le pandour recevait l'oreille basse, comme un animal que l'on gronde. Cette exécution faite, la palatine m'introduisait dans son boudoir, où tout respirait la séduction et la grâce. Sous un demi-jour vaporeux, dans une atmosphère imprégnée de parfums énervants, je sentais ma force s'en aller, mes scrupules s'évanouir. La dentelle seule déguisait ce que sa personne offrait de désirable, et l'on sait comment la dentelle déguise ces objets-là. Sa voix, d'ailleurs, avait un timbre qui pénétrait jusqu'à l'âme, et des sons si doux, qu'on eût dit l'organe d'un enfant. Tout, dans la pièce, était disposé pour l'effet, et de manière à amener un clair-obscur favorable au rajeunissement et à l'amoindrissement des formes. Je ne sortais jamais de là sans y laisser un peu de ma raison et de ma vertu.

La conduite du feld-maréchal amena enfin une explosion. Le Tartare affectait à mon égard des manières qui devenaient intolérables; il me toisait désagréablement, il frisait ses moustaches à mon aspect, en articulant des jurons russes qui provoquaient les rires de la valetaille.

— Ah! c'est comme ça que tu le prends, vilain Kalmouck, me dis-je. Tu regimbes avant de sentir le mors! c'est bon! c'est bon! On te fera voir comment se venge un Paturot! je ne te dis que ça, Tartare!

Ce jour-là, j'entrai dans le boudoir de la palatine avec un air conquérant qu'elle ne m'avait jamais vu. Un marquis du dix-huitième siècle n'eût pas pris une pose plus dégagée : j'étais fringant comme un séducteur du temps de la régence.

— Qu'avez-vous donc, monsieur Paturot? me dit la princesse étonnée. C'est singulier, ajouta-t-elle, en me regardant fixement.

Je lui pris la main, une main admirable, et la portai fort cavalièrement à mes lèvres :

— J'ai, adorable princesse, lui dis-je, une toute petite fantaisie, un rien. Je veux casser, un de ces matins, ma cravache sur la figure de ce drôle de Tapanowich.

— Du feld-maréchal! s'écria la palatine, dont la physionomie trahit un soudain effroi.

— Du feld-maréchal ou caporal, peu m'importe. Il n'a point affaire à un serf de la Crimée. Je lui couperai le visage, au feld-maréchal.

— Monsieur Paturot, est-ce bien sérieusement que vous parlez? dit la princesse.

— Très-sérieusement, mon adorable; aussi sérieusement que je suis l'esclave de vos grâces. Ce pandour me déplaît: on dirait le dragon de la Toison d'Or. Eh bien! il trouvera ici un Jason; je le fendrai en quatre.

— Monsieur Paturot, me dit la princesse avec solennité, vous ne le ferez pas.

— Je le ferai, madame, car l'animal devient trop farouche. Avant de le conduire en France, on aurait dû un peu mieux l'apprivoiser.

— Vous ne le ferez pas, vous dis-je, car je vous le défends.

En prononçant ces mots la princesse se leva: son visage était imposant; sa parole était brève et pleine d'autorité. Cependant, avec la disposition d'esprit où je me trouvais, cet ordre me trouva rebelle. Il m'arriva ce qui arrive aux gens qui s'exaltent davantage à mesure qu'on les retient, et qui ont d'autant plus soif du danger qu'ils sont plus certains qu'on les empêchera d'y courir.

— Eh bien! madame, ajoutai-je avec une grande

résolution, votre défense sera vaine ; je ne vous obéirai pas.

Il faut que j'aie articulé ces paroles avec l'accent d'un homme bien décidé, car sur-le-champ la fierté de la princesse s'abaissa. Par un brusque mouvement, elle se laissa tomber sur un divan en portant la main à son front, comme si une pensée cruelle l'eût accablée. De temps en temps de petits mouvements convulsifs attestaient un combat et une angoisse ; ses beaux cheveux déroulés flottaient sur son visage et ses épaules ; enfin des larmes abondantes jaillirent de ses yeux. Jamais je n'avais vu une douleur si belle : mon masque d'homme à bonnes fortunes tomba devant ce spectacle ; j'étais profondément ému.

— Princesse, lui dis-je, qu'avez-vous donc ?

Elle jeta sur moi un regard plein à la fois d'abandon et de mélancolie.

— Jérôme ! Jérôme ! dit-elle, vous me ferez mourir !

— Moi, Catinka !

La glace était rompue : Catinka d'une part, Jérôme de l'autre, on va vite et loin dans ce chemin. L'émotion était d'ailleurs bien vive, l'occasion bien engageante. Je franchis le dernier pas et payai de hardiesse. Ce ne fut qu'un peu tard que nous reprîmes notre sang-froid, et alors la princesse alla d'elle-même au-devant d'une explication que j'écoutai en vainqueur.

— Vous vous étonnez peut-être, Jérôme, me dit-elle, de l'empire qu'exerce ici le feld-maréchal Tapanowich. Cela tient à des considérations politiques, à un secret d'État. Hélas! puis-je désormais rien vous cacher?

— Parlez, Catinka; vous versez vos confidences dans l'oreille d'un honnête homme.

— En Russie, mon ami, nous sommes tous esclaves, petits ou grands. Que j'habite Moscou ou Paris, il faut que l'empereur sache ce que je fais. C'est notre servitude, à nous autres boyards qui descendons des Démétrius, dont les Romanzoff ont usurpé les domaines. On a toujours peur que nous ne remontions sur le trône de nos pères.

— Ah! diable, ce serait grave, en effet.

— Aussi l'empereur place-t-il à nos côtés des satellites. Le feld-maréchal est chargé d'écrire jour par jour à Nicolas tous les détails de ma vie privée et publique; il lui mande quelles personnes je vois, quelles réunions je fréquente. Tapanowich est mon espion!

— Vil Tartare! ça se lit sur sa physionomie!

— A toute heure il peut entrer dans mon salon, dans mon boudoir, jusque dans ma chambre à coucher!

— Sbire, va! gendarme moscovite! Et vous ne voulez pas que je lui coupe les oreilles, Catinka?

— Y pensez-vous, Jérôme! Un homme qui fait métier de tirer l'épée et le pistolet!

— Bah! bah! dis-je avec moins de confiance.

— Un bretteur qui a eu cinquante-deux duels à Saint-Pétersbourg, quarante-quatre à Moscou.

— Ce sera un de plus, ajoutai-je fort ébranlé.

— Un spadassin, Jérôme, un vrai spadassin! Et

puis, voulez-vous tout savoir, mon ami? vous me perdriez!

— Ah! dis-je en respirant un peu plus à l'aise, si cela est ainsi, n'en parlons plus; je désarme. Moi, vous perdre, jamais! Je pardonne à ce Tartare.

— Je n'attendais pas moins de vous, Jérôme, dit la princesse en m'entourant de ses bras. Vous êtes un homme vraiment chevaleresque.

— Au fait, ce Kalmouck ne vaut pas même un coup d'épée, avec son gros ventre et sa moustache à fils d'argent. Feld-maréchal de contrebande, je t'amnistie et te méprise. Voilà.

— Modérez-vous, mon ami, cet homme est à ménager. Vous savez que j'ai de vastes propriétés dans l'Ukraine.

— Oscar me l'a dit, palatine; sur les bords fortunés du Don: vingt-deux mille serfs et trois cent vingt-deux mille bêtes à laine.

— Qu'importe le nombre? l'essentiel est de pouvoir en disposer. Encore une servitude des boyards, mon ami. L'empereur nous supprime nos revenus quand il le veut. Tant que Tapanowich envoie des rapports favorables, je touche mes fermages; mais au moindre mot désavantageux, on me coupe les vivres. Voilà les libertés de la Russie.

— Diable! diable! le procédé est légèrement cosaque. Alors le feld-maréchal tient les clefs du coffre. Décidément c'est un homme à soigner: je retire ce que j'ai dit de désagréable sur son compte.

— Bon Jérôme!

— Adorable Catinka!

L'entrevue se termina par de nouveaux engage

ments, et je retournai chez moi à la fois satisfait et troublé, malheureux de mon bonheur, heureux de mes inquiétudes. Il me semblait que Malvina allait lire sur mon front les détails de mon aventure et provoquer des explications orageuses. Tout le long du chemin, j'avais cherché à composer mon maintien. Quand j'arrivai à ma porte, je repris haleine pour me remettre de la marche, et me faire une figure plus calme et plus naturelle. Il n'y a rien qui soit plus incommode qu'une mauvaise conscience, elle s'effraie de fantômes. Cependant, dès que j'eus embrassé Malvina, je fus rassuré. Jamais elle ne s'était montrée si caressante, si heureuse de me revoir. Elle faisait sauter ses enfants sur ses genoux, allait et venait avec une pétulance extraordinaire. Cette gaieté me rendit la mienne, ce sang-froid me fit retrouver mon aplomb. Cependant Malvina vint s'asseoir à mes côtés, et, tout en me donnant notre petit garçon à embrasser:

— Tu ne sais pas, bon ami? me dit-elle.
— Quoi donc?
— Oscar a emménagé au cinquième dans la maison! Tu sais qu'il avait donné congé de son atelier.
— Oui, mais il cherchait ailleurs.
— Il n'a rien trouvé, et il a pris notre cinquième. Ces artistes, c'est comme ça, des sans-gêne? Ah! il n'a pas demandé la permission, au moins.

A vrai dire, je trouvais le procédé un peu cavalier. Sous le prétexte d'une surveillance artistique, le peintre ordinaire de Sa Majesté s'était réservé dans la maison en construction tout un étage qu'il faisait disposer à sa fantaisie. Il aurait pu attendre,

pour s'installer à nos côtés, que nous eussions changé
de demeure : c'était l'affaire de quelques mois. Oscar n'avait pas voulu se résigner à ce délai ; il venait
de faire acte de prise de possession, et mes maçons
travaillaient déjà pour lui arranger un atelier provisoire. C'était abuser de l'amitié et du droit d'hospitalité. Peut-être Malvina aurait-elle pu s'y opposer
davantage ; quant à moi, sous le coup des aventures
de la journée, c'est à peine si je pris garde à cette circonstance. La familiarité d'Oscar dans mon logis
formait une diversion que je regardais comme précieuse : il me semblait qu'il devait distraire madame
Paturot de ses jalousies ; c'était un but essentiel à atteindre. La vue de l'homme est assez courte ; quand
un objet la fixe fortement, tous les autres lui échappent. Oscar, d'ailleurs, avait un merveilleux talent
pour s'envelopper d'une plaisanterie qui le rendait
insaisissable. Quand je le revis, il me raconta ses diverses tribulations dans la recherche d'un atelier, et
me prouva que s'il n'avait pris le parti de venir s'é-
tablir chez moi, il courait le risque de coucher dans
la rue. Il fallut se résigner ; nos greniers furent inondés de paysages, nous eûmes de la verdure jusque sous
les toits.

Du reste, j'oubliai bientôt cet incident, qui ne me
revint que plus tard à la mémoire. Le tourbillon allait de nouveau m'emporter, de manière à me laisser
à peu près étranger à ce qui se passait dans ma maison. Une intrigue avec une grande dame venait de
me jeter dans une nouvelle sphère, et en même temps
la politique allait s'emparer de moi. En contact jour-
nalier avec les puissants du jour, la pensée d'un rôle

plus élevé devait naturellement me gagner. Je m'y abandonnai, car j'étais réservé à toutes les épreuves de l'ambition et à toutes les déceptions de la grandeur. Mon exemple aurait été incomplet et mon expérience insuffisante, si je n'avais pas frayé tous les Capitoles et gravi tous les Calvaires.

XVII.

LA HAUTE POLITIQUE. — CANDIDATURE PARLEMENTAIRE DE PATUROT.

— Oui, monsieur Paturot, nous manquons surtout à la Chambre d'hommes comme vous, fermes dans leurs principes, fidèles au roi et aux institutions.

— Monsieur, répondis-je, vous me faites trop d'honneur : je n'oserai jamais viser aussi haut. Il faut pour cela plus de lumières et d'études que je n'en ai.

— Eh! monsieur Paturot, vous n'en conviendriez que mieux. Les députés raisonneurs abondent; ce qui devient rare, ce sont les députés fidèles, et vous seriez de ceux-là.

— Je m'en flatte, monsieur.

— L'esprit nous perd, voyez-vous; la démangeaison de la parole fait des ravages effrayants. Tout le monde veut avoir un avis et prononcer un discours. Si l'on n'y prend garde, ce gouvernement-ci périra par les dialecticiens et les bavards. Vous ne donneriez pas dans ces excès, monsieur!

— J'ose le croire.

— Vous aimez le roi, vous ne raisonneriez pas votre dévouement.

— Si je l'aime, mon souverain ! c'est me faire injure que d'en douter. Vive le roi, monsieur, vive le roi !

— Contenez-vous, monsieur Paturot, on nous observe.

— Ah ! mais, c'est comme ça ! Quand on touche cette corde, ça me part, voyez-vous. Vive le roi !

— Quel dommage qu'il n'y ait rien de libre pour le moment, pas le moindre vide, pas la moindre vacance ! Voyez, cherchez vous même, monsieur Paturot, nous vous appuierons.

Celui qui me parlait ainsi était un tout jeune homme, blond et chevelu, d'une figure heureuse et expressive, secrétaire intime d'un ministre, et faisant de la politique en artiste. Cet aplomb avec lequel il semblait disposer d'un siége au parlement cadrait mal avec un extérieur à la fois trop mondain et trop imberbe. Il était difficile de croire qu'un tel pouvoir fût tombé en de telles mains, et que les destinées du pays se trouvassent à la merci d'une maturité précoce. Comme manières et comme tenue, on ne pouvait rien désirer de mieux ; mais la science du gouvernement ne réside pas toute dans la coupe du frac et dans la plastique du pantalon. On ne sauve pas les empires avec des gilets irréprochables et le culte exclusif du cuir verni ; il est plus aisé de changer de gants que de régir les États. Aussi se prenait-on involontairement à douter, en voyant ce jeune homme d'État, qu'il eût réellement l'influence qu'il s'attribuait et jouât le rôle dont il avait la conscience.

Rien n'était cependant plus réel : l'adolescent si parfaitement ganté et chaussé gouvernait le ministre, et le ministre gouvernait le conseil, le tout dans le cercle de la fiction et de la responsabilité représentatives. On sait qu'à toutes les époques il y eut de ces fortunes de contre-coup. Sous Lous XV, les maîtresses du roi disposaient des faveurs et de l'argent du trésor ; sous Louis XI, le compère Tristan et le barbier Olivier le Daim furent les agents et les inspirateurs de la royauté ; Henri III eut des menins influents, comme Elisabeth d'Angleterre eut des favoris impérieux. Toujours et partout, derrière les pouvoirs apparents se cachèrent des puissances décisives, quoique effacées. Le mécanisme du gouvernement ressemble à tous les mécanismes : ce qui se voit le moins, c'est le moteur. Le jeune homme d'État, sans avoir précisément cette importance, était un rouage essentiel du gouvernement : quand il parlait de faire un député, il ne se targuait pas de plus d'autorité qu'il n'en avait, et usait seulement d'une situation acquise.

Aussi fus-je touché de l'ouverture qu'il venait de me faire. Nous étions alors dans les salons de la princesse palatine, ouverts, comme l'on sait, à des visiteurs de tous les rangs et de toutes les positions. L'une des fonctions du secrétaire intime du ministre consistait principalement dans ce voyage pittoresque à travers les réunions de la capitale. On le trouvait, on le voyait partout, au théâtre et au bal, dans les concerts et dans les cercles : il avait un pied dans toutes les maisons considérables, une oreille à toutes les portes. Il n'est point, ici-bas, de force qui n'ait une raison d'être : la force du secrétaire intime était là, dans cette surveillance attentive de l'opinion, dans cette étude vigilante des habitudes, des mœurs, des faiblesses individuelles. C'était un homme du monde, sachant causer, sachant écouter, faculté plus rare encore. Dans la maison du ministre, dont il était à la fois l'ami et le confident, personne ne donnait un avis qui valût le sien, soit pour l'ameublement, soit pour la toilette. S'agissait-il d'un bal à la cour, on le consultait pour le costume, on l'initiait aux moindres fantaisies, aux moindres caprices, bien plus graves que les affaires de l'État. Il avait ainsi mille occasions d'assurer son empire, de se rendre essentiel, indispensable. Le service public se compliquait d'une foule d'attentions privées, et ces dernières entraient pour beaucoup dans les titres administratifs du jeune Sully et dans le maintien de son influence.

J'avais donc dans les régions officielles un puissant protecteur. Un entretien avait suffi à l'ami du ministre pour entrevoir le parti que l'on pouvait tirer d'un dévouement comme le mien. En matière politique, je n'ai jamais su me contenir. Quand je parlais des factieux, mes yeux lançaient des éclairs; quand il était question de la dynastie, des larmes venaient mouiller mes paupières. On me citait dans la garde nationale comme le chef de bataillon le plus ardent, et les salons avaient plus d'une fois retenti de mes doléances contre la liberté illimitée de la presse. Là dessus j'étais intarissable. Qui entretient dans la société cet état de trouble et de division qui la dévore ? La presse. Qui nous empêche de reprendre en Europe le rang qui nous appartient, par exemple, la frontière du Rhin et de la Belgique? La presse, en effrayant les souverains absolus. Qui occasionne les débordements périodiques des fleuves et des rivières? La presse, en blâmant le culte de l'intérêt matériel et en détournant l'administration des travaux d'endiguement. Qui attaque constamment le travail national? La presse, en appelant les produits étrangers sur le marché national. Voilà le thème que je développais de mille manières et avec un succès toujours nouveau. Ma haine contre la presse composait toute ma politique, et quand j'étais dans mes bons jours, mes sorties allaient jusqu'à l'éloquence.

— On a parlé des sept plaies de l'Égypte, disais-je ; la France n'a qu'une plaie, le journalisme. Sans les journaux, il n'y aurait plus dans notre beau pays ni misère, ni gastrites, ni émeutes, ni affections de poitrine. Les trois premières pages d'un journal sont l'origine de tous les troubles ; la quatrième page est l'origine de toutes les maladies, sans compter les cosmétiques. D'un côté, on fait appel aux révolutions ; de l'autre, aux toux, aux crampes d'estomac, à la calvitie et à la phthisie. Le journal empire les unes et les autres, et ne guérit pas plus les souffrances populaires que les cors aux pieds. Telle est ma manière de voir.

Cette attitude délibérée, ces airs méprisants vis-à-vis du quatrième pouvoir, faisaient presque toujours sensation dans les salons et dans les corps de garde. J'étais noté désormais comme un homme sûr, et les avances du secrétaire intime n'étaient pas placées au hasard. Il ne restait donc plus qu'à chercher un collége propice à ma candidature. Des élections générales allaient avoir lieu : de tous les côtés on s'y préparait. Impossible de songer à Paris, sur lequel trop d'horlogers, banquiers, marchands de bois et de nouveautés avaient jeté leur dévolu. Il n'y restait plus de place pour un bonnetier, même comme assortiment. La province seule offrait quelques chances, et encore fallait-il choisir dans la province un arrondissement vacant et accessible. Le hasard me servit au delà de mes vœux. J'ai déjà dit que les Paturot étaient originaires du centre de la France et de la zone pauvre et montagneuse d'où s'échappent chaque année tant d'émigrants. J'avais conservé là-bas une tribu de cousins qui excellaient dans la fabrication des fromages, et s'étaient acquis un rang distingué dans l'éducation des bestiaux. Une ferme ou deux, partie de l'héritage de mon oncle, m'y assuraient un cens suffisant pour y transporter un droit électoral : une déclaration, faite en temps utile, devait régulariser cette position. Tout, d'ailleurs, concourait à me faire choisir ce terrain comme propice à une lutte politique. Le député de l'arrondissement était un avocat célèbre sur les bancs de l'opposition. Le ministère redoutait sa dialectique pressante et l'inflexible énergie qu'il déployait dans ses attaques. L'évincer pour me faire élire offrait donc un double avantage, celui de remplacer un vote hostile par un vote favorable, un raisonneur par un homme incapable de raisonner.

Quand mon choix fut fait, je me rendis chez le secrétaire intime, qui me reçut avec une politesse extrême.

— Eh! c'est ce cher monsieur Paturot! Quel bon

vent vous amène, monsieur Paturot? Sommes-nous toujours furieux contre la liberté illimitée de la presse?

— Toujours, monsieur! le plus beau moment de ma vie sera celui où j'aurai vu un folliculaire monter sur l'échafaud. La France n'aura de récoltes suivies qu'à ce prix. Ces gens-là troublent l'ordre des saisons.

— Vous croyez!

— C'est comme je vous le dis : ils portent atteinte au travail national, ils faussent le bon sens national.

— Excellent monsieur Paturot! je comprends votre exaspération. L'industrie a besoin de sécurité, d'avenir... Voyons maintenant ce qui vous concerne.

Je fis part alors au secrétaire intime de l'idée qui m'était venue, et lui racontai avec détail sur quoi je fondais mes espérances. A mesure que j'avançais dans cette confidence, je voyais le visage de mon interlocuteur s'épanouir; il semblait heureux, rayonnant.

— L'arrondissement qui nomme ***! disait-il, comme s'il se fût parlé à lui-même! Quelle victoire si nous laissions ce puritain sur le champ de bataille!

— Oui, lui dis-je en répondant à cette pensée, nous le mettrons hors de combat, ce bavard de l'opposition, ce don Quichotte des économies. J'ai là-bas une légion de Paturot, dont l'origine se perd dans la nuit des temps : Paturot-Gros-Jean, Paturot-Guillaume. Les Paturot ont peuplé l'arrondissement:

ils sont aussi vieux que nos montagnes. Vous verrez!

— Si cela est ainsi, monsieur Paturot, croyez bien que le gouvernement du roi suivra avec le plus grand intérêt les progrès de votre candidature. Préparez-la d'avance; le temps est pour beaucoup dans des entreprises semblables. Ne ménagez rien de votre côté, quant à l'administration, elle fera son devoir. Dès aujourd'hui j'en parlerai au ministre. Évincer ***! quel triomphe!

— Je le ferai lapider par nos bergers, dis-je avec chaleur.

— Point de sévices, monsieur Paturot; le gouvernement du roi repousse de tels moyens. C'est par la persuasion qu'il faut ramener vos montagnards. L'arrondissement est aujourd'hui dans une très-bonne condition pour revenir à un meilleur choix. Depuis six ans qu'il persiste à élire un orateur de l'opposition, on n'a rien fait pour lui. Cela s'appelle prendre les localités par la famine.

— O science du gouvernement, que je te reconnais là! m'écriai-je transporté.

— Il y a donc dans les diverses communes bien des clochers à réparer, bien des routes à remettre en état. Quelques semaines avant l'élection, nous verrons à prendre nos mesures. Nous débarrasser de ***! savez-vous que c'est une idée ingénieuse que vous avez eue là, monsieur Paturot?

— Oui, un diamant brut; mais comme vous le taillez, comme vous en tirez parti! Parole d'honneur, je vous admire, monsieur le secrétaire.

— De grâce!

— Non, voyez-vous, cela déborde! Je nourris certainement pour Napoléon un culte particulier; je fais profession de croire que le premier venu ne gagnerait pas la bataille d'Austerlitz; l'opinion peut être hasardée, mais elle est consciencieuse.

— Elle est juste aussi.

— Eh bien! ma passion pour la mémoire du grand homme ne m'empêche pas de reconnaître tout ce qu'il y a d'impérial dans la manière dont vous avez sur-le-champ compris notre bataille électorale. C'est de la haute stratégie, monsieur. Napoléon n'aurait pas mieux tracé un plan de campagne. Coup d'œil d'aigle, vraiment!

— Vous me flattez!

— Je suis de votre école, monsieur; c'est comme cela que je comprends le gouvernement. La force du lion...

— Et la prudence du serpent, n'est-ce pas, monsieur Paturot? Eh bien! ayons l'une et l'autre. Mûrissez votre affaire, et surtout évitez de l'ébruiter. Votre concurrent est populaire dans le pays, il est actif, il est adroit.

— Ne m'en parlez pas, monsieur, je ne l'ai jamais vu, mais je le déteste. Un homme vendu au parti factieux, cela m'exaspère. Je commence à comprendre le crime.

Un huissier entra et coupa court à notre entretien. Il fut convenu que je me préparerais de longue main à la lutte électorale sur le terrain que j'avais choisi. Plusieurs mois nous séparaient encore de la dissolution de la Chambre, ce qui me laissait une grande latitude d'action. J'eus le temps nécessaire pour me faire porter sur les listes de l'arrondissement. Un vieux château était à vendre dans la contrée ; je le fis pousser aux enchères par un tiers, et m'en rendis adjudicataire. Comme revenu, c'était une acquisition détestable ; les champs se trouvaient en mauvais état de rapport, et les constructions étaient fort délabrées. Mais peu importait ! Il s'agissait d'avoir un pied-à-terre seigneurial, un manoir qui relevât, aux yeux de ces enfants des montagnes, le nom peu aristocratique de Paturot. Avec cent mille francs, j'obtins la propriété et toutes les attenances et dépendances. Je devins ainsi Paturot de Valombreuse : j'eus des fermiers, des troupeaux, une bergerie modèle, un petit haras dans lequel je distribuai généreusement les saillies et dont les sujets demi-sang firent un grand bruit dans toute la zone environnante. Avant de paraître en personne dans le pays, je préparai la popularité de mon nom et le succès de ma candidature.

Ces préliminaires électoraux n'eurent pas lieu, comme on le pense, sans porter une certaine atteinte à ma caisse. L'argent et les billets de banque commençaient à disparaître plus vite qu'ils ne rentraient. La maison en construction absorbait des sommes considérables ; le château en province, outre le prix d'achat, ne coûtait pas moins en réparations et améliorations. Les dépenses de toilette et de maison ne faisaient qu'augmenter chaque jour, et le peintre ordinaire de Sa Majesté, escorté de sa légion d'artistes, se livrait à un système d'emprunts forcés et interminables. Par une coïncidence déplorable, une nouvelle brèche fut bientôt pratiquée dans mes finances. Le feld-maréchal Tapanowich devenait de plus en plus farouche : il ne pouvait pas s'habituer à mon intimité avec la princesse. Celle-ci avait beau le prendre tantôt par la violence, tantôt par la douceur, gronder le Tartare ou le caresser : il se montrait inflexible, intraitable. J'avais pardonné au Moscovite ; mais le Moscovite ne me pardonnait pas. Toutes les fois que je paraissais à la porte de l'hôtel, j'étais sûr de le trouver là comme un remords accusateur ; il dirigeait sur moi son œil furibond en guise de poignard, et ses grognements m'accompagnaient jusqu'au boudoir de ma Dulcinée. Enfin, la catastrophe éclata. Un jour, je trouvai la princesse palatine en larmes. A peine m'eut-elle aperçu, qu'elle se précipita dans mes bras :

— Mon ami, s'écria-t-elle, nous sommes perdus : Tapanowich nous a dénoncés, et l'empereur Nicolas me foudroie ; je suis en disgrâce.

— Eh bien ! dis-je un peu légèrement, qu'importe, si je vous reste?

— Excellent Jérôme ! j'étais bien sûre qu'il ne me renierait pas ! Mon ami, vous êtes un grand cœur !

J'étais enlacé ; il n'y avait plus à s'en dédire. La palatine me raconta comment Tapanowich lui avait fait supprimer ses revenus, ce qui la plaçait dans une situation assez embarrassante. Les trois cent vingt-deux mille moutons allaient être tondus au profit du fisc russe, procédé fort gênant pour les vingt-quatre heures. Impossible de reculer ; la botte était directe, et je m'étais enferré avec trop de maladresse pour pouvoir me tirer de là sans blessure. J'offris dix mille francs ; la princesse en accepta vingt, en me proposant en retour une délégation sur son intendant de l'Ukraine. C'est ainsi que je disséminais mon or dans tout l'univers, sur les montagnes et dans les plaines. Mais j'avais, comme perspective et comme garantie, un siége au parlement et une hypothèque en première ligne sur les bords fortunés du Don.

XVIII.

UNE ÉLECTION DANS LES MONTAGNES.

Le moment des élections générales arriva. Dans des occasions semblables, il règne toujours un peu de fièvre à la surface du pays : les ambitions s'inquiètent et s'agitent, l'effervescence des intérêts se mêle à l'activité des amours-propres, le calcul à la passion. Pour un ministère, il s'agit de l'existence; pour un candidat, il s'agit d'une influence à acquérir ou à maintenir. Dans un pays d'égalité, ce sont encore les moyens de domination que l'on se dispute. L'homme est ainsi fait : il s'accommode difficilement de ce qui est au-dessus de lui, parfaitement de ce qui est au-dessous. Obéir lui est intolérable, commander lui paraît doux. Aussi ceux qui rêvent un régime où tout le monde commandera, sans que personne soit tenu d'obéir, sont-ils sur le chemin du problème le plus difficile qu'ait pu agiter l'esprit humain.

J'étais dans le foyer même de la grande ébullition et acteur de ce drame mêlé de comédie. Il en est du combat électoral comme de tous les combats : l'assurance croît en raison du temps de service, l'expérience ne vient qu'avec les chevrons. J'en étais à ma campagne de début, j'allais au feu pour la première fois : un peu d'hésitation et de crainte m'étaient permises. Candidat avéré du ministère, je croyais d'ailleurs que des mains puissantes me soutiendraient à mon insu, et qu'il ne me resterait qu'à modérer les excès de zèle. J'avais peur d'être comblé de moyens de séduction, et je me disposais à montrer, dans l'emploi des faveurs administratives, une réserve, une dignité qui devaient me réconcilier avec ma conscience. Que je connaissais peu cette grande curée que l'on nomme une élection, cette chasse aux crédits ordinaires, extraordinaires et supplémentaires, aux objets d'art, encouragements, subventions, souscriptions et autres allocations ! De tous côtés s'agitaient déjà des vétérans de la Chambre, procureurs et avocats généraux, légion d'un appétit proverbial; les députés qui ont des enfants à nourrir ou des chemins de fer à placer; enfin, tous ceux qu'une candidature manquée précipiterait de leurs positions et foudroierait comme des Titans. Il faut voir quel ressort donne à l'activité humaine une réélection qui se complique de pot-au-feu, et réagit sur toute l'économie domestique. La candidature s'élève alors aux proportions d'une œuvre de génie : elle a un prologue, une exposition, des péripéties et un dénoûment. C'est l'idéal du genre.

Ce spectacle me tira de ma torpeur : je vis que, pour réussir, il fallait s'aider soi-même, *manipuler* l'élection, comme on l'a dit avec une naïveté expansive. Depuis longtemps, le premier employé conduisait la maison de détail; je pouvais m'absenter sans que les affaires en souffrissent. Il fut donc convenu que nous irions passer une partie de la belle saison dans mon château de Valombreuse : les enfants, Malvina, tout le ménage, gens et maîtres, devaient être du voyage; c'était une émigration complète. Oscar nous suivait; le peintre ordinaire de Sa Majesté faisait désormais partie intégrante du mobilier. Il devait d'ailleurs m'être d'un grand secours auprès des enfants des montagnes natales. Son imperturbable assurance, sa fécondité d'expédients étaient de précieux auxiliaires; il avait un sang-froid et des ressources d'artiste qui manquent rarement leur effet sur des imaginations primitives. Notre départ en commun fut donc résolu : comme Jacob, j'allais porter mes tentes en terre électorale, et je marchais avec ma famille, mes amis et mes richesses.

Cependant, avant de quitter Paris, il était très-essentiel de s'assurer de quelques moyens d'influence. A mon arrivée dans l'arrondissement, les curés des communes ne pouvaient pas manquer de me demander des subventions pour leurs églises, tantôt une réparation de clocher, tantôt un tableau pour le maître-autel; tous les percepteurs du lieu songeaient déjà à leur avancement, tous les pères de famille à des bourses dans les colléges; enfin, chacun devait avoir nécessairement sa petite requête à présenter, et c'eût été mal débuter que de se présenter les mains entièrement vides. Armé de ma candidature, je parcourus donc les divers ministères, afin de m'assurer quelques-unes des largesses dont ils disposent. Hélas! j'arrivai trop tard; le gros de la moisson était fait; à peine restait-il à glaner quelques misérables épis. Aux Cultes, je trouvai un directeur général qui avait disposé pour lui-même de toutes les réparations de clocher, de tous les tableaux de maître-autel, de toutes les chasubles et de toutes les dalmatiques. A l'Instruction publique, un autre directeur s'était attribué le monopole de l'avancement universitaire, des souscriptions de livres, des dons aux bibliothèques. Au Commerce, un troisième directeur poussait à sa propre élection à grands renforts de bergeries-modèles, d'étalons, d'écoles vétérinaires, de subventions aux eaux minérales. A la Marine, un quatrième directeur en faisait autant pour les objets de son ressort. A la Justice, un cinquième directeur exploitait le chapitre des grâces et des commutations de peine. A la Guerre, aux Finances, partout, des directeurs s'inquiétaient beaucoup plus d'eux-mêmes que des autres. Soins touchants! naïve sollicitude!

Que faire? Prendre ce qui restait, faute de mieux. Ce fut mon premier calcul. Sans choisir, sans hésiter, j'exécutai une rafle générale : je ramassai quelques plâtres et quelques tableaux, des livres de marine destinés à charmer les loisirs des habitants de cette zone centrale, des ouvrages scientifiques, des instruments de physique, tout le bric-à-brac des ministères.

— Prends, me disait le peintre ordinaire de Sa Majesté, prends tout ce qui se présentera. Prends les paragrêles, les plans de bergerie, les modèles de bateaux insubmersibles : c'est très-utile à trois mille mètres au-dessus du niveau de la mer. La société générale des naufrages est bien située rue Neuve-des-Mathurins, au fond d'une cour, près du 49e degré de latitude. Arrivons avec des monceaux d'objets, cela flattera les indigènes. S'ils n'en usent pas, ils les mettront sous cloche. Procure-toi surtout des animaux empaillés ; cela réussit ordinairement dans les régions alpestres.

Je fis ce que me conseillait Oscar ; j'acceptai ce qui me fut offert. Pour le reste, je me contentai de lettres flatteuses, conçues à peu près dans les termes suivants :

Ministère des... — 3ᵉ division. — 4ᵉ bureau.

Paris, le...

« Monsieur, je regrette de ne pouvoir satisfaire
« sur-le-champ à la demande que vous m'avez faite
« de quatre places de gardes-champêtres. Les cadres
« malheureusement sont pleins, et il est impossible
« d'introduire dans ces fonctions importantes de nou-
« veaux titulaires sans dépasser les allocations du
« budget et nuire à l'économie du service.

« Cependant, monsieur, j'ai pris note de votre ré-
« clamation, et il suffit qu'elle vous intéresse pour
« que les quatre premières vacances vous soient ré-
« servées. Croyez qu'une nécessité absolue et les
« prescriptions impérieuses de la loi ont seules em-
« pêché qu'il ne fût fait droit sur-le-champ à votre
« requête. Vous apprécierez, je l'espère, les motifs
« qui me privent du plaisir de vous donner une sa-
« tisfaction immédiate.

« J'attendrai l'indication des noms que vous me
« promettez pour les porter sur la liste des candidats
« au poste de garde-champêtre. Il n'en sera point
« nommé d'autres avant ceux-là.

« Agréez, etc.

« Le ministre des...

« *A M. Paturot de Valombreuse, candidat du collège de...* »

Sur ce libellé, j'eus vingt lettres environ, les unes pour des perceptions, les autres pour des bourses de séminaires. Les Travaux publics me promettaient quatre ponts avec désignation certaine, six ponts au choix, trois routes, un petit canal, deux chemins de fer, trois monuments publics. Le Commerce me promettait un haras du gouvernement; la Guerre, un régiment de cavalerie; l'Instruction publique, un grand séminaire; les Finances, une foule de places de comptables. J'eus, dans ces mêmes conditions de perspective, beaucoup de concessions de mines, un évêché, quatre églises, quinze clochers tout neufs, soixante dalmatiques pour mes curés, vingt-quatre ostensoirs, quinze dais et un maître-autel façon moyen âge, avec des colonnes torses et une gloire de la plus grande beauté. Bref, j'emportais avec moi la fortune de l'arrondissement; j'arrivais les mains pleines de merveilles.

A ces préparatifs, d'après les conseils d'Oscar, j'en joignis d'autres. Le peintre ordinaire de Sa Majesté connaissait le cœur humain; il savait par quels points il est vulnérable.

— Jérôme, me dit-il, ces paysans doivent être généralement arriérés au point de vue gastronomique. C'est par la nouveauté, par l'imprévu, que tu en tireras parti. Ayons des vins fins et des conserves délicates : on n'a pas travaillé les estomacs du pays, là est le succès. Règle générale : les estomacs ne restent dans l'opposition que lorsque la cuisine du gouvernement méconnaît ses devoirs. Crois cela et inonde-les de champagne.

Nous eûmes donc un fourgon de vivres comme

nous avions un fourgon de plâtres et autres articles d'art. La caravane marchait avec un accompagnement de plus en plus formidable. L'appui du sexe de la contrée n'était point à dédaigner; Malvina se pourvut de caisses de modes, de cartons de chapeaux, de nouveautés, de dentelles, de rubans, enfin de mille brimborions de toilette.

— Des objets voyants, madame Paturot, disait notre conseiller; du jaune surtout! La province raffole du jaune. Allez jusqu'au citron, vous ne risquez rien; plus c'est foncé de nuance, mieux ça réussit.

Pendant que ces soins accessoires occupaient ma femme et le rapin, un plus grand souci me dominait. Il était impossible de se présenter aux électeurs sans un titre qui me signalât comme écrivain et comme administrateur. La profession de bonnetier était honorable sans doute, elle ne pouvait que me placer très-haut dans l'estime d'un peuple qui consommait généralement mes articles. Cependant cela ne suffisait pas; il fallait aider à ces bonnes dispositions par une œuvre de plume. Pour un homme littéraire comme moi, écrire n'était pas une tâche malaisée : j'avais rimé la *Cité des hommes* et les *Fleurs du Sahara*, dont le lyrisme, quoique méconnu, n'en était pas moins le fait d'une inspiration élevée. Mais de pareils titres se trouvaient malheureusement au-dessus de la portée de ces enfants des montagnes. Il fallait choisir un sujet plus approprié à leurs mœurs, à leur intelligence et à leurs moutons. C'est vers cette intéressante famille de quadrupèdes que je tournai mes efforts. On a vu quelle était pour elle ma sympathie et quels liens industriels m'unissaient au bétail qui est l'origine du gilet de flanelle. Un pareil sujet me touchait à la fois par les souvenirs de la vente et les besoins de la candidature. Je dirigeai de ce côté mes travaux.

Il était alors question d'un remède singulier pour la guérison des maux qui affectent cette classe ingénue de quadrupèdes. On sait que le mouton n'est pas immortel et qu'il paye, comme l'homme, un tribut à la maladie et à la destruction. La clavelée, puisqu'il faut l'appeler par son nom, exerce surtout des ravages dans les rangs des bêtes à laine : elle a fait jusqu'ici le désespoir de la science et le malheur du berger. C'est à l'occasion de cette épizootie qu'un savant venait de faire la découverte d'un merveilleux topique. Pour empêcher les moutons de mourir de la clavelée, il n'avait pas recours au remède du pâtre de l'*Avocat Patelin;* il ne tuait pas la bête, mais il l'empoisonnait Pour guérir l'animal de la clavelée, il lui administrait l'acide prussique. L'Académie des Sciences avait été saisie de l'innovation, et pour devenir tout à fait populaire, il ne lui restait plus qu'à être mise en commandite. Je résolus de m'en emparer au moment où elle se trouvait encore dans cet état de transition, et de la livrer à mes montagnards revêtue de tous les charmes du style et parée du prestige de la nouveauté. Oscar m'approuva, et j'écrivis sous sa dictée.

PLUS DE CLAVELÉE !!! IMMORTALITÉ DU MOUTON !!!

« Bergers et bergères,

« Tarissez la source de vos larmes et espérez dans l'avenir. Le ciel, touché de vos plaintes, vient de vous envoyer un bienfait répara-

« tour. Décimés chaque année par un fléau cruel, vos troupeaux
« semblaient ne tondre l'herbe qu'à regret : la clavelée se cachait
« sous le tapis des prairies, elle corrompait le cytise fleuri et répan-
« dait du fiel jusque sur l'humble paquerette.

« Désormais, plus de clavelée; la science a parlé : elle a fait recu-
« ler le fléau. Il faut vous dire, bergers, que depuis quelques années
« on a inventé un remède souverain pour toutes les affections mala-
« dives. La recette est des plus simples. Quand un homme jouit d'un
« mal quelconque, on lui administre un mal plus fort qui le débar-
« rasse du premier, après quoi le médecin guérit facilement le second,
« puisque c'est lui qui l'a administré. Quand on pense qu'il a fallu
« cinquante siècles pour découvrir cette recette si naturelle, on se
« fait une idée de la candeur et de la médiocrité humaines. C'est le
« hasard seul qui nous livre les secrets de la nature, nous passons à
« côté sans les voir. O infirmité !

« Mais, revenons à nos moutons. Un agriculteur distingué, chi-
« miste décoré de plusieurs ordres, membre de l'Institut... histori-
« que, de la Société royale de Tombouctou, d'Otaïti, des Marquises
« et autres lieux, correspondant de la Société de statistique univer-
« selle et membre de la Société formée pour l'exploitation du cratère
« du Vésuve, cet agriculteur, comme on n'en voit guère, a pensé
« que la clavelée n'était un mal incurable, fatal, désastreux, que
« parce que jusqu'à ce jour personne n'avait eu l'idée de lui opposer
« un mal plus désastreux, plus fatal, plus incurable. Cette idée une
« fois adoptée, il ne s'agissait plus que de trouver une substance qui
« eût des propriétés plus malfaisantes que la clavelée. Guérir le mal
« par le mal, telle est la théorie. Elle a conduit directement le chi-
« miste distingué à l'acide prussique.

« Mais revenons de nouveau à nos moutons. Bergers, vous avez, je
« suppose, un troupeau; vous en auriez deux que ce serait exacte-
« ment la même chose. Mettons un troupeau; qui peut le moins peut
« le plus. Vous avez donc un troupeau qui dépérit insensiblement;
« vous vous dites : « J'ai la clavelée. » Un bon berger s'identifie tou-
« jours avec son troupeau. Que faites-vous alors ? Plutôt que de
« laisser mourir vos bêtes une à une, vous achetez une vingtaine de
« kilogrammes d'acide prussique que vous mettez en topettes, en cal-
« culant la dose que peuvent supporter vos animaux. C'est là une
« opération qui doit être faite avec beaucoup de soin, et sur laquelle
« vous consulterez avec avantage un peintre qui m'a accompagné
« dans mon voyage, et qui a fait de nombreuses études sur les prai-

« ries où paissent les bêtes à laine. Il est artiste en paysages. On le
« nomme Oscar, nom cher aux troupeaux.

« Revenons à nos moutons. Quand vous avez disposé votre acide
« prussique dans les fioles dont je viens de parler, vous vous placez
« à la porte de votre parc, et vous appelez un à un vos administrés.
« Surtout gardez-vous bien de leur parler politique et de leur con-
« fier la nature du remède que vous méditez à leur égard, car il faut
« craindre les préjugés. Introduisez-leur hardiment et silencieuse-
« ment l'acide prussique dans l'œsophage, et vous m'en direz des
« nouvelles. Si ces bêtes-là meurent de la clavelée, c'est que la chi-
« mie moderne aura donné sa démission.

« Revenons à nos moutons. L'expérience dont je viens de vous en-
« tretenir, bergers, a été faite en divers lieux et sous l'empire d'une
« infinité de circonstances. Je vais faire un peu de statistique ; ne
« vous effrayez pas. A force de prouver trop de choses, la statistique
« a fini par ne rien prouver. Donc, d'après la statistique, science in-
« faillible, il se trouve que dans un troupeau qui comptait quatre-
« vingt-deux bêtes attaquées de la clavelée, l'acide prussique, admi-
« nistré à temps, en a sauvé quatre-vingt-trois. Si ce n'est pas là un
« résultat prodigieux, c'est que rien ici-bas ne mérite cette épithète.
« L'acide prussique est donc réhabilité ; si vous en doutez, vous n'a-
« vez qu'à en boire ! Il est aussi innocent que l'agneau qui vient de
« naître. »

Mon factum continuait ainsi pendant vingt-deux pages ; j'y rendais compte de l'autopsie de quatre ou cinq moutons à qui le chimiste n'avait pas pardonné d'avoir guéri par son remède, puis je prouvais victorieusement que les os du mouton n'étaient pas perméables comme ceux du canard à toutes les substances indigérées. L'acide prussique avait été absorbé, résorbé ; il n'en restait pas de traces : ce qui prouve qu'un bienfait est quelquefois perdu. Je terminais ainsi ma brochure :

« Le châtelain du manoir de Valombreuse, pensant que les bergers
« des montagnes environnantes peuvent être bien aises d'essayer du
« traitement qu'il indique, a cru devoir apporter avec lui des doses
« d'acide prussique préparées par le chimiste inventeur et l'agricul-

« teur modèle : il les délivrera gratuitement à tous les bergers qui
« lui feront l'honneur de lui en demander. M. Oscar, peintre ordi-
« naire de Sa Majesté, est chargé de la distribution. »

Telle était cette pièce, où nous avions chargé sciemment l'effet afin d'agir plus vivement sur la crédulité proverbiale de nos pâtres montagnards. Il faut dire qu'Oscar y avait mis la main et s'était volontairement attribué un rôle dans cette petite scène de charlatanisme. Où ne s'en glisse-t-il pas un peu ?

Mes préparatifs étaient terminés ; il ne me restait plus qu'à rouler vers le théâtre de l'entreprise. Avant mon départ, j'allai présenter mes devoirs au ministre ; il m'accueillit de la manière la plus affable et la plus cordiale. Les ordres étaient donnés pour qu'on me reçût là-bas avec les honneurs dus à ma candidature. Les cloches devaient se mettre en branle : la gendarmerie brossait déjà ses uniformes ; le télégraphe se préparait à jouer en mon honneur. Quand je pris congé, le secrétaire intime m'accompagna jusque sur l'escalier :

— Monsieur Paturot, me dit-il, menez le préfet rondement. Il est mou, il a besoin d'être réveillé. Si vous avez à vous en plaindre, écrivez-nous. Quant au sous-préfet, c'est votre esclave : disposez-en. Les sous-préfets ne sont bons qu'à cela.

XIX.

SUITE DU CHAPITRE PRÉCÉDENT.

Le château de Valombreuse était situé à peu de

distance du chef-lieu, dans une des mille ondulations que forment ces chaînes de montagnes. Une pelouse circulaire régnait devant l'habitation, et de sombres châtaigneraies lui servaient à la fois d'abri et de rideau. On sait quel éclat et quel lustre la verdure garde à ces hauteurs ; Oscar n'avait jamais rencontré sous sa palette une nuance pareille. La feuille conservait pendant toute la belle saison on ne saurait dire quel éclat métallique, et en se découpant sur un ciel d'une transparence parfaite, les arbres avaient presque le port et l'apparence d'une décoration de théâtre. Là où cessait la forêt, commençait la prairie : des tapis naturels couvraient les versants et allaient baigner leurs dernières tiges dans les eaux froides du ruisseau. Bois et prés, voilà de quoi se composait mon domaine : sur quelques terrains moins humides poussaient l'orge, le seigle, le blé, et de loin en loin quelques plantes fourragères. Des groupes de vaches, paissant en liberté, complétaient le paysage et lui donnaient de la vie sans rien lui enlever de sa sérénité.

Toute la famille demeura ravie à l'aspect de ce site pittoresque. Citadins de Paris, c'était la première fois que nos poitrines s'ouvraient à cet air pur qui n'appartient qu'aux zones élevées. Il me semblait que je respirais plus librement ; Malvina se baignait avec délices dans cette atmosphère limpide, elle courait sans chapeau dans les bois et gazouillait comme la fauvette sur la cime du peuplier ; mes enfants se roulaient dans les prés et bondissaient à côté des agneaux, blancs et folâtres comme eux. J'étais venu pour conduire une intrigue ; je débutais par une idylle. A vrai dire, l'aspect de cette nature remuait profondément mon cœur et le remplissait d'un sentiment nouveau. Ces hauts sommets que couronnaient des sapins, ce calme imposant qui ressemblait à un défi jeté à la turbulence des hommes, ces chaînes de montagnes qui fuyaient à l'horizon comme de grandes vagues bleues, ce lointain vaporeux perdu dans l'immensité, ce petit vallon plein de parfums agrestes et de bruits charmants, tout cela formait une diversion à mes plans ambitieux, et m'entraînait vers des impressions plus pastorales que politiques. Pendant trois jours entiers j'oubliai que j'étais candidat, pour mener la vie du campagnard; j'inspectais mes troupeaux, je visitais mes bois et mes pièces de terre, j'allais de ferme en ferme et de prairie en prairie. Le château, convenablement réparé, était fort habitable; mais déjà je songeais à des dispositions nouvelles, à des agrandissements. Bref, je jouais avec une grande sincérité et un plaisir réel le rôle de seigneur et de propriétaire.

Une visite du sous-préfet put seule me rendre au sentiment de ma situation. Ce fonctionnaire venait se mettre à mes ordres et me demander quel était mon plan de campagne. Aux premières paroles de l'homme qui représentait dans l'arrondissement le pouvoir exécutif, je vis que le secrétaire du ministre ne m'avait pas trompé. Un sous-préfet est l'esclave du candidat du gouvernement, et à plus forte raison du député. J'aurais demandé à celui qui m'était échu en partage des tours de force stratégiques, une voltige électorale sur la corde roide, qu'en employé pénétré de ses devoirs, il eût essayé de me satisfaire.

Je le ménageai : je ne lui fis point avaler des lames de sabre ni de l'étoupe enflammée, et je m'aperçus qu'il me savait quelque gré de ne pas appesantir sa chaîne. Nous nous entretînmes de l'élection; elle était difficile; mais, bien conduite, elle devait réussir. Mon adversaire jouissait dans l'arrondissement de l'estime générale; seulement, il avait le tort de s'endormir sur l'oreiller de ses succès antérieurs. Il fallait profiter de ce sommeil, miner sourdement le terrain sur lequel il se croyait solidement assis.

Le premier travail porta sur les listes électorales : je les compulsai, assisté du sous-préfet. L'arrondissement était pauvre : il n'offrait que cent trois censitaires à 200 fr. et au-dessus. Pour compléter le nombre de cent cinquante électeurs exigé par la loi, il avait fallu faire une adjonction de quarante-sept noms choisis parmi les cotes inférieures, et descendre jusqu'à 83 fr. 75 c. Moyennant cette contribution, un homme était électeur dans ces montagnes, tandis que, dans les grands et riches bassins de la France, 199 fr. 95 c. ne suffisent pas pour conférer ce droit. C'est là une des mille anomalies d'un régime qui en compte tant. En voici une autre plus saillante. Sur les cent cinquante électeurs dont se composait le collége dont je briguais les suffrages se trouvaient vingt légitimistes, opulents propriétaires du pays, qui ne paraissaient jamais à l'élection, et vingt autres noms qui, pour des motifs divers, ne devaient pas répondre à l'appel. Restaient cent dix votants. Cinquante-six suffrages, dont plusieurs provenaient de cotes au-dessous de 100 francs, allaient suffire pour envoyer à la Chambre un député; tandis qu'on a vu dans un collége de Paris onze cents suffrages au-dessus de 200 francs demeurer frappés d'impuissance. La loi consacre donc un privilége ; elle blesse le principe de l'égalité, et en faveur de qui ? des arrondissements les plus pauvres de la France, par conséquent les plus arriérés. La voix d'un censitaire montagnard vaut, au dépouillement du scrutin, vingt-cinq voix de censitaires parisiens. Tout en profitant de cette singulière combinaison, je conservais des doutes sur son mérite, et en me promettant de l'exploiter de mon mieux, je n'en admettais pas la justice.

Nous dépouillâmes la liste : elle comprenait vingt-deux fonctionnaires publics, âme et base de mon parti. Le maire, les adjoints, le procureur du roi, le receveur, le directeur, les percepteurs des contributions directes ou indirectes, le directeur de l'enregistrement, le conservateur des hypothèques, le président et les juges du tribunal, formaient comme une pléiade dont l'influence n'était pas sans rayonnement. Par l'achat du château de Valombreuse et ma générosité en matière d'honoraires, j'avais fait passer dans mon camp le notaire du chef-lieu. Madame Paturot devait achever la conquête en s'emparant des bonnes grâces de sa femme, jeune encore, et sensible aux raffinements de la toilette parisienne. Le médecin de l'arrondissement était l'ami intime du sous-préfet, il avait promis son concours ; l'évêque, fort ébranlé, ne devait pas résister aux perspectives éblouissantes que j'allais dérouler devant lui, et aux pompes du culte promises à son diocèse. Par ces divers moyens, quarante-deux voix sûres m'étaient acquises : il ne restait plus qu'à agir vivement sur les quatorze qui formaient l'appoint de la majorité. Mon adversaire avait rendu dans tout le ressort des services personnels : son désintéressement égalait sa probité. Sa fortune n'était pas considérable, mais il la gouvernait avec tant d'ordre, qu'il trouvait toujours le moyen de faire la part du pauvre. Si la ville était pour moi, la campagne était pour lui, et notre effort devait principalement se diriger de ce côté.

J'avais apporté de Paris un grand nombre d'exemplaires de ma brochure, à laquelle était jointe une profession de foi courte, mais significative. Des gendarmes se chargèrent de la distribution de ces deux factums. Dans ma déclaration de principes, j'insistais principalement sur l'économie en matière de finances : il n'y a rien qui flatte autant les êtres habitués à vivre de coquilles de noix. Je touchais un mot de la réduction des impôts, corde non moins sympathique, des encouragements à accorder à l'agriculture des montagnes, à l'élève des bestiaux, des remises de contribution pour toute souffrance constatée, dans les cas de grêles, incendies, inondations et avalanches. Je me posais comme une providence armée du pouvoir de sécher les larmes et de calmer les douleurs; je me prévalais d'une sorte de blanc-seing qui me rendait le souverain de l'arrondissement durant la crise électorale. Cet appel ne réussit que trop bien : pendant huit jours, le château de Valombreuse ne désemplit pas de visiteurs. C'étaient des légionnaires qui demandaient l'arriéré de leurs croix, des mères qui voulaient sauver leurs enfants du recrutement militaire, des veuves qui rêvaient une liquidation de pension hors des conditions légales; enfin, le cortége des réclamations fantastiques et insoutenables. A cette phalange de solliciteurs se joignit celle des demandeurs de places. On ne se fait pas d'idée de l'affluence des pétitionnaires de cet ordre. L'arrondissement avait été tenu depuis six ans à une diète sévère ; quand on sut que j'apportais de la manne du budget, une population famélique fondit sur mon château. Je crus un instant que ces gens-là me dévoreraient. Dans le cours d'une semaine on me remit plus de cinq cents pétitions qui se distribuaient de la manière suivante :

Soixante-dix bureaux de poste, — cinquante bureaux de tabac, — vingt-neuf perceptions, — douze places de péagers, — quinze places de ponts à bascule, — seize places d'agents voyers, — quarante-deux places de gardes-champêtres, — cent vingt-deux places de gendarmes, etc.

Je ne parle pas des prétentions élevées dans la hiérarchie, celles-là étaient plus réfléchies et plus rares. Je reçus toutes ces paperasses, j'écoutai toutes ces plaintes, et je distribuai à la ronde plus de promesses que la mémoire d'un homme ne peut en contenir. Les pauvres diables qui se rendaient à Valombreuse de dix lieues à la ronde se retiraient enchantés ; ils emportaient le plus précieux des biens, l'espérance.

Dans ce mouvement de solliciteurs, je vis avec peine que les électeurs n'étaient pas nombreux. A la veille d'un scrutin, l'électeur est toujours fort réservé ; il ne se livre pas, il aime à faire sentir sa puissance : le dernier bottier prend alors un air d'importance incroyable ; il jette sur son candidat un regard froid et soupçonneux ; il s'imagine tenir dans sa main le bonheur et la fortune de cet homme. Les habitants des champs sont surtout implacables : ils ne pardonnent pas à un mortel de briguer leurs suffrages, et se creusent la tête pour savoir ce que cela peut lui rapporter. Dans les pays primitifs et montagneux, ce système de défiance est poussé jusqu'aux dernières limites ; moins les voix sont nombreuses, plus elles font les renchéries. Au bout de quelques jours d'attente, je compris qu'avec des paysans aussi madrés, il fallait faire le calcul de Mahomet : la montagne ne voulait pas marcher vers moi, je résolus de marcher vers la montagne. Une grande tournée électorale fut organisée : le sous-préfet et le notaire du chef-lieu devaient m'accompagner ; le peintre ordinaire de Sa Majesté était de la partie.

Parmi les fermiers des environs, on en citait un qui jouissait d'une certaine influence dans la contrée. Riche et considéré, il conduisait à sa suite un bataillon de dix voix qui jusqu'alors avait constamment voté pour le député de l'opposition. Détacher cet homme était un coup de partie : sa défection anéantissait les chances de mon concurrent. Le père Gérard (c'était le nom de cet électeur) passait d'ailleurs pour un esprit sceptique dont les convictions ne devaient pas résister à une attaque dans les règles. Le notaire s'était offert pour ouvrir le feu ; le sous-préfet se chargeait d'élargir la brèche, et, par un dernier assaut, je me réservais d'entrer dans la place. Oscar était là pour juger les coups. Nous arrivâmes devant la ferme en trois voitures, afin d'éblouir le villageois par un peu d'appareil. Il était à déjeuner, en habit de travail, et prêt à retourner aux champs.

Au lieu de venir à notre rencontre, il attendit patiemment, les pieds sous la table, qu'on lui expliquât le but de cette visite. Le notaire parla, tandis que le sous-préfet et moi, fort décontenancés de cet accueil, nous restions sur le seuil de la porte. Les chiens de la ferme, peu tolérants pour des visages nouveaux, venaient gronder autour de nos gras de jambe, et les valets nous regardaient en passant avec des yeux ébahis ou ricaneurs. Malgré ces diversions inquiétantes, nous suivions avec quelque attention la marche de l'entretien engagé entre le notaire et l'agriculteur. Le notaire exposa l'affaire et parla de ma candidature dans les termes les plus pompeux ; à quoi le père Gérard, aux prises avec une rouelle de veau froid, se contentait de répondre : « Oui-da, oui ! » Notre truchement revint à la charge, poussa des arguments directs, multiplia les promesses ; mais le fermier ne semblait pas s'en émouvoir, et ne sortait pas de son « oui-da, oui ! » Nous intervînmes. Le père Gérard salua le sous-préfet et le candidat avec politesse, sans qu'il fût possible de le tirer de sa rouelle de veau et de son « oui-da, oui ! » Nous étions fort embarrassés.

— Laissez-moi faire, dit alors Oscar, je me charge de travailler cet enfant de la nature. Voici une allée d'ormes ; allez m'y attendre. Ce mortel rustique me pique au jeu ; je vais l'opérer.

Nous quittâmes la ferme en laissant une voiture à Oscar. Quand il se vit seul, il alla se placer à côté du père Gérard et lui frappa familièrement sur l'épaule.

— Homme des champs, lui dit-il, c'est donc ainsi que vous pratiquez l'hospitalité, vous autres, montagnards peu écossais? Pas seulement offrir un verre de vin; fi donc!

— Oui-da, oui! répliqua le fermier, ouvrant de grands yeux.

— Pas seulement une tranche de veau au voyageur affamé! C'est peu patriarcal, homme de la nature!

— Oui-da, oui! ah! ch'est comme cha, fichtra! Nanette, un verre et une assiette.

— A la bonne heure, cultivateur! on reconnaît là les vertus de l'âge d'or, dit Oscar, pratiquant une profonde entaille dans le veau froid et se servant un grand verre d'un détestable vin. A votre santé, laboureur, et à celle du grand empereur Napoléon!

— Ah! pour cha, oui, fichtra! s'écria le père Gérard en se levant. Vive l'empereur!

— Bon, se dit Oscar, j'ai trouvé le joint. L'empereur, ça réussit neuf fois sur dix. Grand homme! tu dois être content de ce succès dans ta demeure dernière.

— Ah! oui, fichtra! l'empereur, dit le père Gérard en posant son verre sur la table.

Le fermier s'était déboutonné : désormais le peintre ordinaire de Sa Majesté se sentait maître de son homme; il n'avait plus qu'à le manier avec précaution.

— Mortel agreste, lui dit-il, en se penchant vers son oreille; renvoyez vos domestiques; j'ai à causer avec vous du vainqueur d'Austerlitz.

Le fermier obéit machinalement; peu à peu la pièce se vida. Pendant ce temps, Oscar, après avoir tiré un crayon et du papier de sa poche, semblait achever un dessin. Quand il ne resta plus dans la salle que le fermier et le peintre, ce dernier lui présenta un croquis :

— Le voici au naturel, cultivateur : je vous en fais hommage. C'est peint d'après les trente-deux tableaux de Steuben, représentant Napoléon dans des poses différentes. Vous voyez que vous n'avez pas prodigué les vins fins et le veau froid à un ingrat.

— Ah! oui-da, ah! fichtra! dit le villageois, émerveillé du chef-d'œuvre.

— Maintenant que nous sommes seuls, homme rustique, je vais vous livrer un secret d'État. Jurez-moi, par l'ombre de Napoléon, que vous n'en parlerez à âme qui vive.

— Ah! oui-da, oui, s'écria le père Gérard en se remettant sur ses gardes.

— Pasteur, ce que je vais vous dire est solennel. Écoutez. Le candidat Paturot, ajouta-t-il en se penchant vers l'oreille de son interlocuteur, est le général de ce nom qui a accompagné le grand homme à Sainte-Hélène.

— Oui-da!

— Et de plus il est couché sur le testament de Napoléon pour huit millions cinq cent mille francs qui ne lui seront jamais comptés. Il a l'ordre exprès de les distribuer aux Français restés fidèles à la mémoire de l'empereur. Vive l'empereur! ajouta le peintre, en vidant de nouveau son verre.

— Vive l'empereur, fichtra! reprit le fermier en remplissant le sien.

Une fois monté sur ce ton, l'entretien prit un caractère d'intimité. Oscar ne tarit pas sur mon compte ; il parla de mes campagnes, du cas que l'illustre guerrier faisait de moi ; il refit d'autres croquis de Napoléon en buste, en pied, en face et de profil. Bref, il travailla son homme de telle façon, qu'en nous rejoignant il me dit :

— J'ai conquis cet enfant de la nature ; il te suivra comme l'agneau suit sa mère, Jérôme.

— Ne vous y fiez pas, observa le notaire ; nos montagnards ne sont simples que sur l'écorce.

Nous achevâmes notre tournée. Trois Paturot, les seuls qui fussent électeurs, grossirent la liste des votes sur lesquels on pouvait compter avec certitude. Il ne restait plus qu'à en détacher onze du parti opposé. Quarante avaient promis ; mais il eût été imprudent de se fier à des promesses. Cependant, nous nous étions prodigués. En allant d'une ferme à l'autre, il avait fallu s'asseoir à la table des cultivateurs, boire avec eux de grands verres de piquette, écouter des digressions sur le bétail, sur les récoltes, sur les foins, sur les coupes de bois ; recueillir des plaintes contre le percepteur, contre les droits réunis, contre l'enregistrement, contre les agents forestiers ; se charger de toutes les réclamations bonnes ou mauvaises ; garantir à celui-ci un dégrèvement d'impôts, à celui-là une remise d'amendes encourues ; en un mot, se mettre soi-même et mettre le gouvernement à la merci des électeurs, alors souverains et despotes.

Le travail de la campagne était achevé ; il ne restait plus qu'à agir sur le chef-lieu. Le sous-préfet donna un bal dans lequel il déploya toutes les séductions que comportait la localité, c'est-à-dire les sirops et le punch. Madame Paturot se montra admirable de tactique. Après avoir distribué aux élégantes de l'arrondissement ce qu'elle avait apporté d'objets de toilette en les leur cédant à 75 pour cent au-dessous du prix, elle alla au bal administratif le plus simplement du monde, en robe blanche, avec une fleur dans les cheveux. Les dames du pays qui avaient peur d'être éclipsées furent enchantées de l'attention de ma femme. A l'envi, on la proclama adorable, charmante, pleine de goût et de grâce; cette soirée me rallia définitivement quatre voix de la ville qui s'étaient tenues jusque-là sur la réserve. Malvina entreprit les récalcitrants dans la personne de leurs moitiés, et les ramena dans mon camp à l'aide d'un ascendant qui n'a point d'égal, celui de l'alcôve. Les femmes qui tenaient à l'administration furent aussi gagnées, réchauffées, et le vote silencieux des maris se changea dès lors en adhésion chaleureuse et en propagande ouverte. Cette fête fit le plus grand bien à ma cause. On n'a pas encore compris tout le parti que l'on peut tirer des femmes en matière d'élection. Si l'homme a inventé la grande intrigue, la femme a gardé le secret de la petite: c'est celle qui frappe le plus sûrement et éprouve le moins de mécomptes.

Le jour décisif approchait, et mon adversaire, s'effrayant de mon activité, commençait à se mettre en mesure. A son tour, il fit à la ronde des visites et eut ainsi sur moi l'avantage du dernier mot. Je frappai alors le grand coup, celui qui devait m'assurer la victoire. La localité ne possédait qu'un certain nombre de véhicules, depuis la calèche jusqu'à la carriole en osier : je mis tout en réquisition et m'assurai le monopole des moyens de transport. Chacune des voitures eut un itinéraire tracé : elle devait ramasser dans un rayon donné tous les électeurs qui n'étaient pas notoirement hostiles et les conduire à Valombreuse. Là, je fis disposer des lits pour trente personnes, pendant qu'on se livrait dans la cuisine du château à des préparatifs qui rappelaient ceux des noces de Gamache. On abattait des bœufs, on saignait des moutons, on dévastait les viviers, on exécutait dans les basses-cours un massacre général. Tous les gardes étaient en campagne : les perdrix, les lièvres, les lapins, les gélinottes, les chevreuils, les sangliers, arrivaient de mille côtés dans l'office. Les précieux fourgons, venus de Paris, furent déballés avec soin. On en tira les pâtés de foies gras, les terrines de Nérac, les rillettes de Tours, les langues fumées, les jambons de Mayence et de Bayonne, les truffes en roche, les dindes en galantine ; enfin tout l'assortiment de la gastronomie raffinée. Les vins furent aussi classés et étiquetés : à côté du champagne et du bourgogne, espèces dominantes dans l'arsenal électoral, j'avais eu soin de ménager une place aux qualités corsées que réchauffe le soleil du Midi, le châteauneuf, le côte-rôtie, l'hermitage, le la nerthe, le la malgue ; puis, des vins liquoreux ou secs comme le madère, le malvoisie, le xérès, l'alicante et le rancio. Il fallait frapper mes gens au cerveau ; et, pour émouvoir ces enfants de la nature, les crus distingués de la Gironde n'eussent été qu'un moyen insuffisant et ruineux. L'approvisionnement de l'alcool fut complété par le cognac, le rhum, le tafia, le kirschenwasser, l'absinthe, le curaçao, le gin et l'eau d'or de Hambourg. Point de liqueurs trop sucrées : elles n'agissent pas à trois mille mètres au-dessus du niveau de la mer. Les organisations pastorales aiment ce qui s'empare fortement du gosier.

Ainsi, je m'exécutais en plein : j'allais voiturer, nourrir, abreuver, loger, héberger mes électeurs ; je devenais leur hôte, leur Automédon, leur Amphitryon. Mon adversaire avait des amis qui ne reculaient pas devant les dépenses du transport et du séjour ; moi, je m'adressais aux bourses rétives et aux panses sensibles ; j'offrais un bon gîte et d'excellents repas à ces hommes des champs, élevés dans une atmosphère apéritive. Mon concurrent avait affaire aux dévoués ; j'avais affaire aux calculateurs.

Comme moyen de tactique, je résolus de m'effacer devant le premier scrutin. Les voix de l'avocat étaient toutes arrivées au chef-lieu dès l'avant-veille ; les miennes étaient encore disséminées dans la campagne. Je laissai composer le bureau par la minorité : c'était sans danger et sans intérêt. Un rendez-vous général fut assigné à mes gens, pour le jour même de l'élection, au château de Valombreuse. De huit à onze heures du matin, on devait y servir un déjeuner homérique, puis partir de là pour aller en masse au scrutin. C'était un précieux moyen de faire le dénombrement de mes troupes avant la bataille, de s'assurer des dispositions de chaque électeur, de lui donner des instructions, de l'engager par l'estomac et de le conduire par le champagne.

Les choses se passèrent comme je l'avais prévu. Dès sept heures du matin, les premières voitures arrivèrent : chacune d'elles amenait trois, quatre, cinq et jusqu'à six électeurs. Les distances avaient été calculées de manière à ce que tout le monde fût rendu à Valombreuse à huit heures du matin. Les électeurs de la ville, plus voisins du château, devaient s'y rendre dans une promenade matinale. Il s'agissait d'un gala : les convives furent ponctuels. A neuf heures, je tenais soixante-seize électeurs dans ma salle à manger ; j'allais nourrir et désaltérer la majorité. L'ambigu fut servi ; c'était un beau spectacle. D'énormes pièces de venaison, des aloyaux monstrueux, des volailles magnifiques, du gibier de toute espèce, des truites, des ombres-chevaliers, poisson exquis que nourrissent les eaux limpides des montagnes, accompagnaient les pièces apportées de Paris, les pâtés de foies, les terrines, les truffes, les langues, les jambons glacés, enfin tous les hors-d'œuvre qui ont une célébrité gastronomique. A l'aspect de cette table chargée de mets, il se fit un silence général : l'admiration domina l'appétit. Mais cette abdication de l'estomac ne dura qu'un moment, et bientôt on put voir la majorité à l'œuvre. Des montagnes de foies gras disparaissaient de dessus les assiettes : mes partisans en mangèrent de quoi indigérer deux régiments de cavalerie ; ils dévorèrent jusqu'aux croûtes des pâtés d'Amiens, les malheureux ! Les vins capiteux ruisselaient dans les verres ; on ne voyait que des coudes en l'air. Des plats énormes disparaissaient comme par magie ; on n'entendait que des mâchoires en mouvement. Pendant le premier feu, il fut impossible de tirer une parole de convives aussi consciencieusement pénétrés de leurs devoirs. Oscar seul alimentait la conversation. Il s'était placé à côté du père Gérard, à qui il versait des rasades d'un certain rivesaltes capable d'étourdir un bœuf. Le fermier n'en paraissait pas seulement ébranlé : à chaque sommation du peintre ordinaire de Sa Majesté, il tendait le verre d'un air narquois et le vidait sans sourciller, comme un héros d'Homère.

— A la santé de l'empereur ! père Gérard, lui disait le peintre.

— Ah ! oui-da, oui ! répondait le fermier, vive l'empereur !

Oscar se ménageait ; mais notre rivesaltes ne respectait que les athlètes : le rapin fut bientôt en pointe de gaieté. Alors il se lança dans toutes les surprises de l'imitation et de la ventriloquie : il se mit à braire, à hennir, à contrefaire le chant du coq, le miaulement du chat, l'aboiement du chien, le coassement de la grenouille ; il fit partir des voix différentes du conduit de la cheminée, du plafond, de dessous la chaise du père Gérard. La représentation eut un succès fou : elle parvint à distraire nos montagnards de la guerre acharnée qu'ils livraient à mes comestibles. Si Oscar eût été éligible, il m'eût peut-être fait du tort : ses talents de société éclipsaient les miens ; il devenait le héros de la fête. Pour empêcher qu'il n'abusât de son triomphe, j'ordonnai que l'on versât le champagne, et sur ce préliminaire mousseux, j'improvisai un discours qui ne l'était pas moins. La majorité me salua par des acclamations universelles : c'était un concert de voix bien nourries et une explosion de gosiers échauffés. Je vis que je pouvais conduire mes guerriers vers la brèche : ces gens-là me portaient tous dans leurs estomacs. L'enthousiasme devait durer au moins autant que la digestion.

Nous nous disposâmes à partir : l'ordre fut donné d'atteler les voitures. Pour éviter les méprises, on remit à chaque électeur une carte sur laquelle mon nom était tracé en énormes caractères ; on confia les illettrés à des hommes sûrs qui devaient écrire leurs bulletins. La file des véhicules s'ébranla ; on en comptait vingt à la suite les uns des autres. C'est dans cet ordre que nous abordâmes le scrutin. Trente-cinq votes seulement avaient été déposés ; j'arrivais avec soixante-seize. Aussi mon entrée dans la salle de la mairie où se passaient les opérations fut-elle celle d'un conquérant. Mon adversaire se tenait dans un coin avec quelques amis ; je le regardai d'un air souverainement dédaigneux. On fit un réappel ; mes convives votèrent tous, ce qui porta à cent onze le nombre des suffrages émis. Trois partisans du candidat de l'opposition, venus des confins de l'arrondissement, arrivèrent au moment où le scrutin allait se fermer, ce qui éleva le nombre des votes à cent quatorze. Majorité, cinquante-huit. Le dépouillement eut lieu, opération décisive et critique ! Mes amis pointaient un à un les suffrages : j'arrivai à soixante, la respiration me revint. Je réunis soixante-six voix : dix voix du déjeuner avaient passé à l'ennemi. C'était le père Gérard et les siens. Le vieux sournois avait pris des forces à Valombreuse, afin de mieux voter contre moi.

— Je suis volé ! s'écria Oscar en apprenant la défection du fermier ; cet enfant de la nature m'a refait.

Peu m'importait d'ailleurs, j'étais député. Mes partisans, sous la double émotion du champagne et de la victoire, remplissaient la salle de leurs cris : ils voulaient dételer les chevaux de ma voiture, et me ramener ainsi vers le château dont je leur avais fait si royalement les honneurs. Je résistai à cet excès de zèle.

— Soit, mes amis, leur dis-je, allons à Valombreuse. Nous y reprendrons les choses où nous les avons laissées!

L'invitation fut accueillie avec enthousiasme; le père Gérard s'éclipsa seul avec sa petite phalange. Pendant notre courte absence, le couvert avait été renouvelé, les vins aussi. Avec cet appétit sans limites, qui est l'apanage de l'homme des champs, mes commettants se précipitèrent de nouveau sur les vivres et achevèrent les blessés du matin. Ce fut un carnage épouvantable : on eût dit que ces gaillards-là mangeaient pour les huit jours passés et pour les huit jours à venir. C'est seulement quand on a assisté à un pareil spectacle, que l'on peut se faire une idée exacte de la capacité d'un estomac humain. Ce duel contre mes comestibles et mes spiritueux se prolongea encore pendant huit heures. Le lendemain, au point du jour, on ramassa les vaincus gisants sous la table, et on les emballa pour leurs destinations. Il était temps : les nuées de sauterelles ne laissent pas plus de traces dans les steppes asiatiques qu'un passage d'électeurs au sein d'une maison. Une semaine entière ne nous suffit pas pour réparer les ravages qu'y avaient causés ceux que le peintre ordinaire de Sa Majesté nommait des enfants de la nature. De la nature, soit; mais je me promis de laisser désormais à cette bonne mère le soin onéreux de les abreuver et de les nourrir.

XX.

PATUROT DÉPUTÉ. — L'INSTRUCTEUR PARLEMENTAIRE. LA LEÇON DE POLITIQUE.

J'étais député!!! Voilà un titre qui remplit bien la bouche et résonne agréablement à l'oreille. La prédiction de mon pauvre oncle se réalisait : l'excellent homme avait été le dernier bonnetier de la famille; j'en étais le premier député. Quel chemin en peu de temps! Rien qu'à y songer j'éprouvais du vertige, je me croyais sous le poids d'un rêve. L'humble industriel qui, dans ce moment encore, débitait des chaussettes et confectionnait des maillots pour les dames du chœur de l'Opéra, ce même homme, ce même Paturot, était à la fois commandant de la garde civique, favori d'une princesse, décoré et député!!! On est fier d'être du commerce, quand on arrive à ces fortunes-là. Avec les honneurs, les charges étaient venues : je me devais à mes commettants, je me mis à leurs ordres; je prodiguai les audiences, je promenai dans le chef-lieu mes épaulettes et ma croix; je devins l'idole de ces montagnes. Le physique du rôle fut promptement acquis : après trois jours d'exercice, je posais fort agréablement; j'avais un air de suffisance éminemment parlementaire.

Cependant les premières heures de mon élévation

ne se passèrent pas sans quelques troubles de
conscience; l'honneur qu'on venait de me conférer
ne m'apparaissait encore qu'au travers des nuages
d'une responsabilité sans bornes. Tout est grave chez
un député, les paroles, les actes, les opinions. Un
arrondissement a les yeux fixés sur lui; la France
exerce à son égard un droit de contrôle; l'Europe,
à la rigueur, peut s'en mêler. Ainsi le député appartient à l'Europe, à la France et à l'arrondissement.
Il n'est souverain qu'à la condition d'être l'esclave de
tout le monde. L'arrondissement lui fera battre le
pavé pour des besoins locaux ou particuliers, la France
lui demandera des comptes sévères, l'Europe le sif-
flera. Comment suffire à tant d'obligations et conjurer tant d'animosités? Ces craintes me poursuivaient,
ces scrupules m'assiégeaient. Malgré les illusions de
l'amour-propre, je ne me dissimulais pas que la politique n'était pas mon fort. Dans plusieurs salons de
Paris, j'avais entendu parler d'une certaine *question
d'Orient* qui occupait beaucoup les esprits. J'allais
être appelé à la résoudre : le sort de l'Orient pouvait
dépendre de ma voix. Je me rends cette justice, que
je n'étais animé d'aucune haine personnelle vis-à-vis
de l'Orient, et que je lui aurais volontiers rendu service. L'Orient est un pays digne d'intérêt, il fournit
la laine d'Andrinople, c'est de là que nous viennent
le soleil et les cachemires; j'aurais donc été affligé
de faire quelque chose qui lui fût désagréable; j'aurais désiré rester en de bons termes avec lui. Eh bien!
tel est le nuage dont cette question est demeurée en-
veloppée à mes yeux, qu'aujourd'hui encore je me
demande si j'ai vraiment eu pour ce point cardinal

tous les égards qu'il mérite, si je ne l'ai pas profondément humilié, si je n'ai pas dépassé à son sujet les limites des mauvais procédés, si je ne m'en suis pas fait un irréconciliable ennemi. Que l'Orient me pardonne ces torts involontaires! Nous étions faits pour nous comprendre; malheureusement, je ne l'ai jamais compris. Si je l'ai offensé, je lui offre mes excuses.

Telles étaient les perplexités de mon esprit. Sur le seuil de la carrière politique, j'avais peur de manquer de lumières et de prendre parti à l'aveugle. Ce préjugé devait bientôt céder à l'expérience de la vie parlementaire; mais il me dominait alors, et souvent je laissais percer devant Oscar et Malvina quelques témoignages de ce trouble et de ces incertitudes.

— Que de questions à étudier! leur disais-je; tout devient question aujourd'hui : question des chemins de fer, question de la réforme, question d'Afrique, question d'Orient. On remet tout en question; c'est intolérable.

— Jérôme, me répondait gravement le peintre, ne te casse pas la tête pour des balivernes. En fait de questions, il n'y en a qu'une pour toi : celle d'assurer ton crédit, de constater ton pouvoir. Exemple : tu arrives à Paris dans huit, dix jours; que fais-tu? Tu te poses en homme politique, tu débutes par un coup d'éclat.

— Comment cela, Oscar?

— C'est simple comme bonjour. Tu te rends, sans perdre une minute, chez le directeur des beaux-arts, rue de Grenelle, au fond de la cour; tu montres ta médaille à l'huissier, qui se prosterne; tu entres; tu trouves un grand maigre, homme d'esprit d'ailleurs, et tu lui dis : — Me voici, je suis le député Paturot. Le gouvernement se doit à lui-même d'acheter la *Collection des sites de Rome*, de mon ami Oscar, artiste d'un mérite rare, quoique ignoré.

— Tu ne songes qu'à toi, égoïste !

— Du tout, je me sacrifie, je m'immole à tes débuts, je deviens la pierre de touche de ton influence. Si le gouvernement ne paye ça que mille écus, c'est que tu es très-médiocrement placé dans son estime ; s'il va jusqu'à dix mille francs, ce sera la preuve qu'il veut établir avec toi des rapports convenables. Nous serons pour lui ce qu'il sera pour nous : et voilà.

— Au fait, ajouta Malvina, quand tu ferais cela pour Oscar !

J'étais enlacé : les premiers anneaux de ma chaîne devaient se river en famille ; ma famille conspirait avec le peintre pour m'enlever toute liberté d'action ; il y avait complot contre mon indépendance. Impossible de résister ; l'influence était trop voisine, la séduction trop directe. Je baissai la tête comme un vaincu ; Oscar sourit en vrai Machiavel, et caressa les poils de sa barbe orange.

L'automne nous ramena à Paris ; j'y arrivai chargé de pétitions et de réclamations. J'avais promis à la localité les bienfaits de la reine, les libéralités du roi, les largesses de tous les ministères. Huit mois de sollicitation assidue pouvaient à peine suffire à l'accomplissement de cette besogne. L'arrondissement ne plaisantait pas ; il fallut s'exécuter. Dès le lendemain de mon arrivée, je commençai mes courses. Je parvins à pratiquer, à l'intention d'Oscar, une saignée très-convenable aux fonds d'encouragement destinés aux beaux-arts, et il put ainsi débarrasser mon grenier de quelques toiles qui l'encombraient, entre autres d'une vallée de Tempé avec des nymphes d'un vert d'émeraude. Le directeur chargé de ce service fit très-bien les choses.

Cependant la session venait de s'ouvrir, et avec elle commençait la grande vie politique. Dans la séance du trône, je fis mon début oratoire en prononçant, à la suite de la formule du serment, un *Je le jure!* qui produisit une certaine sensation. L'émotion avait donné à ma voix je ne saurais dire quel fausset qui fut remarqué de Sa Majesté et arracha aux princes un imperceptible sourire. L'exercice des fonctions représentatives demande un aplomb que je n'avais point encore, une aisance qui ne s'improvise pas. J'avais beau affecter des airs dégagés, préparer mes entrées avec soin, étudier mes poses, je sentais encore le novice, le conscrit. Pour tromper mon inexpérience, je pris des airs écrasants vis-à-vis des huissiers, je jouai l'habitué du Palais-Bourbon, l'homme qui sait les êtres; je marchai au hasard et sans but dans ce dédale de corridors, de bureaux, de vestiaires, de buvettes, de salles de conférences; j'essayai de toutes les issues et bravai résolument toutes les consignes. C'était autant d'actes de puissance et presque une prise de possession.

Cette tactique fut remarquée. Il existe dans la Chambre des députés une phalange de vieux pilotes qui surveillent les nefs errantes. Quand ils aperçoivent à l'horizon législatif un de ces nouveaux venus qui cherchent leur route et flottent de banc en banc, à l'instant même ils accourent et se mettent à ses ordres. Désormais, plus d'embarras, plus de souci pour cette âme en peine. On lui aplanira les difficultés, on l'initiera à la discipline parlementaire, on lui révélera les secrets de la petite et de la grande stratégie. Quand j'arrivai à la Chambre, ce rôle d'instructeurs appartenait à une pléiade d'hommes d'esprit qui conduisaient l'assemblée en se moquant d'elle. J'échus à l'un d'eux; il me promit de me dresser. C'était un homme jeune encore, long, maigre et anguleux. Il avait des coudes si aigus, qu'ils auraient pu, à la rigueur, passer pour des armes prohibées. Quand il gesticulait, ces deux instruments menaçaient les flancs des contradicteurs avec une préméditation coupable et sans circonstances atténuantes. Il me plaça à ses côtés, et dès lors je vécus sous le feu de ses coudes, qui, au moindre prétexte, me labouraient impitoyablement les côtes. Je ne parle pas des genoux, les plus turbulents que j'aie connus de ma vie. Cet homme avait des angles plus pénétrants que ses démonstrations : ses épaules même m'inspiraient un certain respect, tant elles avaient l'air acéré et opiniâtre.

Ce fut sous ce chef de file que je fis ma première campagne. Il m'eut promptement initié aux petits détails des fonctions législatives, au travail des bureaux, aux délassements de la buvette, aux causeries des couloirs et de la salle des conférences; il m'enseigna le mécanisme du scrutin, de l'assis et du lever, la tactique des interruptions et des acclamations. Dans cette dernière spécialité, mes succès furent rapides : je compris que ma vocation me portait de ce côté. Il n'est pas permis à tout le monde d'aborder la tribune avec cette autorité que donne le talent et cette confiance qui naît de l'habitude. Les grands improvisateurs sont rares, c'est le vol de l'aigle : ne s'y élève pas qui veut. Mais, dans les limites d'un essor plus modeste, on peut se classer, se créer un genre. Je m'essayai donc dans les *bravo ! très-bien !* et j'eus la chance d'en émettre quelques-uns des mieux réussis, avec des nuances inconnues avant moi. Ce succès m'enhardit ; j'abordai les *à l'ordre !* mouvement plus rare, partant plus difficile. J'en obtins des effets merveilleux, et dès lors ma position fut faite. Mes collègues du centre me remarquèrent, la presse elle-même me signala comme un interrupteur acharné. Les colonels de la garde nationale, les aides de camp du château, ne poussaient pas plus loin que moi l'art de tousser et de se moucher avec éclat, de piétiner avec intelligence, de battre à propos la mesure avec les couteaux de bois. J'inventai alors, pour humilier les orateurs de l'opposition, des poses d'ennui et de dédain qui ont fait école, des rires étouffés, des mouvements d'impatience, des regards écrasants. Je devins l'épouvantail de nos adversaires, l'orgueil et l'espoir de mon parti. Sans moi, plus de beaux succès oratoires, plus de ces triomphes qui suspendent une discussion : j'étais l'homme des grandes émotions et des grands orages. L'un des nôtres était-il à la tribune, je l'y soutenais, je l'y inspirais, pour ainsi dire ; je l'excitais du regard, je le réchauffais du geste et de la voix. Descendait-il, je me précipitais vers lui, je l'entourais, je le couronnais des mains, je lui offrais le spectacle d'un épanouissement et d'une exaltation incroyables. J'ai organisé ainsi des triomphes, même pour des marchands de nouveautés, des meuniers et des maîtres de poste.

A ce point de vue, loin d'avoir besoin de leçons, bientôt je fus en mesure d'en donner; en revanche, sous le rapport théorique, mon instruction n'était pas aussi avancée : je conservais des doutes, j'avais des scrupules, je voulais connaître le fort et le faible des questions. C'était là une tendance très-dangereuse. Mon mentor chercha à la combattre, et il faut me rendre cette justice, que je résistai pendant quelque temps aux ravages de ses coudes.

— Mon cher, me disait-il, point d'idéologie, s'il vous plaît. Les partis ne vivent que par la discipline. Si l'on mettait, dans une Chambre, la bride sur le cou aux consciences, il n'y aurait plus de gouvernement, plus de société possible. Votre parti vote, vous votez. Sur quoi? Peu importe. Vous votez, parce que votre parti vote. Hors de là, il n'y a que subversion et anarchie.

— Ouf! m'écriai-je.

Il venait de me détériorer le sternum avec son os cubital, on eût dit un poignard. J'en eus la respiration coupée pendant deux minutes.

— Oui, mon cher, continua-t-il, sans s'inquiéter de mon avarie, c'est la plaie du système représentatif que cette foule de députés qui veulent penser par eux-mêmes, voter, comme ils disent, en connaissance de cause. Ou l'on est d'un parti, ou l'on n'en est pas : dans le premier cas on suit les chefs de file ; dans le second, on se fait déclasser, et l'on reste seul.

Votez avec les vôtres, collègue, c'est le commencement et la fin de la sagesse.

Cette théorie de l'obéissance passive ne me paraissait pas très-concluante ; cependant j'avais peur d'exaspérer les coudes du voisin et de les pousser à des violences nouvelles. Je me contentai donc d'une réfutation intérieure, et parus acquiescer entièrement au code disciplinaire de la majorité. Ce triomphe flatta tellement mon mentor, qu'il se laissa entraîner à un épanchement plus complet. Je l'écoutai en surveillant le mouvement de ses articulations.

— Mon cher collègue, me disait-il, quelle est donc cette fureur de tout raisonner, de tout comprendre? elle nous perdra, si nous n'y prenons garde. Ce gouvernement, pour la majorité, est la poule aux œufs d'or. Si on le dissèque, si on porte le couteau dans ses entrailles, adieu les profits!

— Vous croyez?

— C'est évident, mon cher. Nous sommes ici deux cents membres qui écrémons les faveurs du pouvoir : s'il y a quelque bon morceau il est pour nous et les nôtres. Deux cents ici, cela veut dire au dehors cinq à six mille clients, meneurs d'élections, personnes influentes. Maintenant, faites un calcul. Puisque le budget se compose de 1,400 millions, et que le service de l'État emploie 60 mille fonctionnaires, chaque membre de la majorité peut disposer de 7 millions et de 300 places. Et vous ne trouvez pas que c'est là un chef-d'œuvre de gouvernement! Mais que vous faudrait-il alors, malheureux?

Le calcul était spécieux, je ne savais qu'y répondre. Les gesticulations de l'interlocuteur ne me laissaient pas d'ailleurs toute ma liberté d'esprit. Il abusa de ses avantages.

— Non, poursuivit-il avec une chaleur alarmante, je ne conçois pas que l'on énerve ce régime par des arguties, qu'on le discute, qu'on l'inquiète. La majorité ne dispose-t-elle pas de tout, des emplois, des faveurs, des grâces, de l'argent et des titres? Ne règne-t-elle pas ouvertement sur les bureaux? Se fait-il rien sans qu'elle soit consultée? Un député de la majorité, c'est le souverain de l'arrondissement, du département. Le préfet était autrefois quelque chose ; aujourd'hui, il est le serviteur du député de la majorité. Et vous avez des scrupules, collègue! Et vous ne trouvez pas que ce gouvernement est un grand gouvernement!

Directement interpellé, j'essayai quelques objections avec timidité, avec prudence : j'avais peur que la controverse ne m'attirât des mouvements désordonnés.

— Sans doute, lui dis-je, la majorité dépèce agréablement le pays ; elle se vote à elle-même quelques moyens d'influence qui ne sont pas à dédaigner : elle gouverne et administre ; mais cela peut-il durer?

— Jusqu'à la consommation des contribuables, mon collègue, et c'est une race qui ne s'éteindra jamais. Vous voyez ce monde parlementaire qui vous entoure, il se divise en deux classes, les hommes d'esprit, et les simples [1]. Les hommes d'esprit, c'est

[1] Quoiqu'on ait abusé du mot, il n'est pas sans intérêt de dire ici que ce classement est *historique*.

la majorité; les simples, c'est l'opposition. Les hommes d'esprit sont ceux qui regardent le régime représentatif comme un excellent moyen de faire des heureux autour d'eux, dans leur famille, parmi leurs électeurs et leurs amis. Les simples sont ceux qui, par instinct ou par préjugé, n'osent toucher à cette manne du budget, savoureuse et inépuisable. Vous êtes un homme d'esprit, vous!

— Je m'en flatte, lui dis-je, en évitant un geste qui eût pu m'être fatal.

— Ainsi, les hommes d'esprit, d'une part, ceux qui usent de leur position; les simples, de l'autre, ceux qui n'en usent pas : tel est le classement. Toutefois, il y a encore une distinction à faire; la voici : Dans l'opposition figurent des hommes d'esprit qui consentent à jouer le rôle de simples; dans la majorité se trouvent des simples qui affectent les airs d'hommes d'esprit. Les premiers sont les puritains qui acceptent tout d'un gouvernement qu'ils combattent, et qui, aux profits de la majorité, ajoutent l'auréole de l'opposition. Les seconds sont ces excellentes natures qu'un rien contente, qu'un ruban rallie à jamais, qu'un dîner à la cour exalte, qu'un mot agréable de la part d'un ministre met en révolution. Braves gens, qui mangent volontiers leur pain à la fumée! Ce n'est pas nous, mon cher, qu'on ferait aller ainsi!

— Ah! pour ça, non, répondis-je, assez peu touché du rapprochement.

— Pour me résumer, mon collègue, soyez au gouvernement, puisque le gouvernement est à vous; ne lui marchandez pas les votes, puisqu'il ne vous marchande pas l'influence. Donnant, donnant, c'est bien ; mais, une fois que l'accord est fait, il faut le tenir : un honnête homme n'a que sa parole.

Telle fut la première leçon de politique que je reçus : elle eût agi plus vivement sur moi sans les formes anguleuses de mon moniteur et ses gestes bien faits pour m'alarmer. Cependant, je ne pus m'empêcher de remarquer ce qu'il y avait de cru et de désolant dans cette définition du gouvernement parlementaire. Je comprenais la corruption à l'état de faiblesse et d'entraînement ; je ne l'avais jamais envisagée comme système et comme calcul. Il faut dire que j'en étais à mes débuts, et que je n'avais pas encore pu me défaire de tous mes préjugés.

XXI.

LES PETITES MISÈRES DE LA DÉPUTATION. — LES COMMETTANTS A PARIS. — PRÉPARATIFS D'UNE IMPROVISATION.

Toute grandeur a des ennuis qui y sont inhérents, et il n'est point de médaille qui n'ait un revers, même la médaille du député. Je l'éprouvais ; les tribulations de l'emploi avaient commencé. Quand on se donne pour maître un arrondissement, on est tenté de croire que ce n'est là qu'une abstraction fort innocente. Cette illusion dure peu, l'arrondissement n'en laisse pas jouir longtemps son mandataire ; il le ramène aux réalités, il lui fait sentir la laisse. Les servitudes se succèdent alors. L'oisiveté, on le sait, est la mère de tous les vices; un arrondissement qui a des principes donne de l'occupation à son député, avec l'idée que la sollicitation permanente est la compagne de toutes les vertus.

J'avais affaire à un arrondissement implacable : dix, quinze, vingt lettres partaient chaque jour des anfractuosités de ces montagnes, et la poste me les transmettait avec une régularité onéreuse et malheureuse. C'était le maire, c'étaient les adjoints du chef-lieu qui demandaient une faveur, le redressement d'un abus, des subventions en argent ou en nature. Cependant ces besoins de la localité n'étaient rien auprès des exigences individuelles. Tous les fonctionnaires qui s'étaient mêlés de mon élection aspiraient à un avancement : le conservateur des hypothèques voulait devenir receveur général; le directeur des contributions indirectes avait en vue un poste de première classe; le chef-lieu entier prétendait à la croix d'honneur; le sous-préfet lui-même rêvait une préfecture. Il ne se formait pas, dans le ressort, un vœu, un désir, insensé ou raisonnable, qu'à l'instant même je n'en fusse saisi. J'ai reçu des lettres incroyables, des communications fabuleuses. A écouter les pétitionnaires, le gouvernement leur devait à tous une complète immunité d'impôts, l'exemption du recrutement militaire pour leurs fils et des rentes perpétuelles pour leurs vieux jours. Celui-ci avait trouvé le moyen de guérir toutes les maladies, et il réclamait une pension; celui-là, contrebandier de profession, voulait que je fisse condamner les Droits-Réunis à des dommages-intérêts pour la surveillance dont il était l'objet; un autre me demandait d'intervenir dans un procès civil, et de faire débouter sa partie adverse ; un autre enfin se refusait à payer des droits de succession, sous le prétexte qu'il m'avait donné sa voix. Bref, j'étais devenu l'homme d'affaires de l'arrondissement, l'avocat des mauvaises causes et le médecin des cas désespérés.

Une seule de ces épîtres pourra donner l'idée de ce qu'était cette correspondance. La lettre en question émanait d'un homme considérable de l'endroit, du notaire du chef-lieu, qui avait joué un rôle décisif dans mon élection, et me tenait ainsi dans une sorte de dépendance. Les fonctions de cet officier public et ses devoirs d'état auraient dû lui conseiller un peu de réserve, un peu de dignité dans ses demandes. Voici la première requête que je reçus de lui :

« Mon cher député,

« Permettez à l'un de vos bons amis de se rappeler
« à votre souvenir. Vous savez quelle part il prend à
« tout ce qui vous concerne. Nous parlons ici souvent
« de vous : l'arrondissement a besoin d'être tenu en
« haleine; autrement, il vous glisserait entre les
« mains. Heureusement que nous sommes là. Dans
« l'intérêt public, j'ai pourtant quelques réclama-
« tions à vous communiquer. N'y voyez qu'une
« preuve du soin avec lequel je surveille les disposi-
« tions de vos commettants.

« D'abord il faudrait faire destituer le directeur de
« l'enregistrement : il est trop pointilleux sur les ac-
« tes; il voit partout des droits proportionnels au
« lieu de droits fixes. C'est un chicaneur qui a fait
« du tort au gouvernement, sans compter celui qu'il

« fait à mon étude. Le directeur qui surviendrait
« saurait que c'est moi qui ai fait justice de l'ancien ;
« nous nous entendrions parfaitement.

« Je voudrais aussi que l'on donnât une leçon au
« président du tribunal : il taxe trop serré ; il ne
« laisse pas passer un seul article d'honoraires au-
« dessus du tarif. C'est une petitesse intolérable.
« Donnez-lui de l'avancement si vous le voulez, mais
« renvoyez-le d'ici. J'ai mon frère le juge qui se dé-
« vouera s'il le faut et acceptera la présidence.

« Vous vous souvenez d'un cousin du côté de ma
« femme qui a présidé à l'itinéraire des voitures pen-
« dant notre campagne électorale : il demande une
« perception. C'est le moins que vous puissiez faire
« pour ce brave garçon.

« Voici bientôt le moment d'établir nos enfants. Je
« compte envoyer mon Eugène à Paris, où, par vo-
« tre influence, il sera reçu à l'école Polytechnique.
« Vous savez ce que sont les jeunes gens loin de la
« surveillance paternelle. Ma femme ne se séparerait
« pas de son aîné, de son Benjamin, si elle n'était
« pas certaine qu'il trouvera, auprès de vous et de
« madame Paturot, une seconde famille. Si vous
« pouviez le loger sous le même toit que vous, ce se-
« rait pour sa mère un grand souci de moins. Quant
« au second, Jules, il serait bien que vous pussiez
« lui obtenir une bourse dans un collége. C'est un
« garçon plein de moyens et qui vous fera le plus
« grand honneur. Il est aimant, tranquille et spiri-
« tuel. Eugène, au contraire, est tout feu, tout am-
« bition : il fera son chemin dans les armes savantes.
« Vous en serez enthousiaste au bout de six mois. Je

« n'ai jamais connu de salpêtre pareil : il tient de
« sa mère.

« Par la même occasion, songez donc à notre ne-
« veu Antoine et à notre tante Croquet. Le premier
« compte sur le bureau de tabac dont il vous a fait
« la demande, et l'autre sur son bureau de poste. Ces
« gens-là vous comblent de bénédictions chaque jour.
« Vous êtes leur sauveur, leur providence ; votre
« nom est constamment dans leur bouche. Il est im-
« possible que vous puissiez oublier ceux qui pensent
« si assidûment à vous.

« Pour moi, mon cher député, je ne vous demande
« qu'une chose, c'est la continuation de cette amitié
« qui m'est si précieuse et dont vous trouvez ici le
« retour. Je suis sur la brèche pour vous défendre
« envers et contre tous, mais je ne voudrais pas que
« l'on pût y voir le moindre calcul. Vous êtes
« l'homme de l'arrondissement, de la chose publi-
« que, voilà la considération qui me détermine. Nos
« âmes françaises ont la même devise : Le pays avant
« tout !

« Agréez, etc.   B***

Notaire à.....

« P. S. Madame B*** me charge de la rappeler
« au souvenir de madame Paturot, dont le passage
« dans nos montagnes a laissé tant de souvenirs.
« Voici l'hiver. Ma femme est devenue Parisienne de-
« puis que madame Paturot l'a gâtée ; elle ne peut
« plus souffrir les couturières et modistes de l'arron-
« dissement. Si vous pouviez lui faire l'envoi de deux
« chapeaux, de deux robes, l'une en mérinos, l'au-

« tre en soie, de deux paires de bottines, de douze
« paires de gants assortis, vous seriez on ne peut plus
« aimable. Par une occasion prochaine, vous rece-
« vrez toutes les mesures et dimensions nécessaires
« pour l'exécution de cette commande. Quant à la
« couleur et au choix de ces objets, madame B***
« s'en rapporte entièrement au goût de madame Pa-
« turot. Elle décidera souverainement. Pardon, mon
« cher député, de vous entretenir de détails si peu
« parlementaires. »

« 2e *P. S.* Je rouvre ma lettre pour vous donner
« un dernier embarras. Dans nos visites électorales,
« j'ai remarqué que vous portiez des bottes vernies
« d'un fort bon goût. Cette denrée est inconnue dans
« nos solitudes, où le cuir simple et le cirage à l'œuf
« conservent encore de l'empire. Je veux introduire
« ici la botte vernie; cela doit éblouir le client.
« Veuillez m'en faire confectionner deux paires con-
« formes à l'échantillon que je vous envoie. Quand
« on est l'ami d'un député, on ne saurait se donner
« trop de lustre. Rien n'est petit dans le système
« constitutionnel : la botte vernie peut avoir ici de
« l'influence, et il n'est pas mal que votre nom s'at-
« tache à la première paire qui y paraîtra. N'oubliez
« pas surtout que j'ai le cou-de-pied un peu haut;
« je vous recommande également un œil de perdrix
« qui abuse du régime de liberté sous lequel nous
« vivons. »

« 3e *P. S.* Je rouvre encore ma missive pour vous
« dire que l'arrondissement s'attend à vous voir à la
« tribune.

« A vous derechef, B***. »

Telle était cette lettre, échantillon pris au hasard entre mille. Encore les lettres ne constituaient-elles que la moindre de mes misères. J'en étais quitte pour exécuter chaque matin une tournée dans les bureaux. Bien des fois, quoique député, j'essuyais des fins de non-recevoir.

— Une place de receveur général : peste! me disait-on ; il n'y en a qu'une de vacante ; neuf ministres, dix-huit conseillers d'État, quinze banquiers, dont deux israélites, se la disputent ; il est difficile, monsieur Paturot, de vous faire espérer un succès. Mais on vous répondra.

— Un chemin de fer : ah diable! c'est délicat! les lignes sont distribuées ; la commission s'est partagé les tracés. Passe-moi le tunnel, je te passerai le viaduc. Nous n'y pouvons rien dans les bureaux ; voyez vos collègues de la Chambre. Cependant on vous répondra.

— Une première présidence, un canal, un siége à la cour de cassation : tout cela est pris, monsieur Paturot ; c'est le gros gibier ; il n'y a que les hommes politiques qui y touchent ; le conseil des ministres y pourvoit. On vous répondra néanmoins.

— Un bureau de tabac : ils sont au complet dans la localité. On vous répondra.

— Une perception : il y en avait une hier, elle est donnée d'avant-hier. On vous répondra.

Si je n'avais pas les places, j'avais du moins les réponses officielles, que je renvoyais aux pétitionnaires comme autant de calmants. C'était l'affaire d'une correspondance à laquelle j'avais dressé l'un de mes commis ; besogne supportable à la rigueur. Mais une misère bien plus grande venait m'assaillir de loin en loin. Le commettant quittait quelquefois sa montagne ; il se mêlait de voyager en famille ; il partait pour la capitale. Terrible apparition ! cauchemar affreux ! Dès six heures du matin, le père, la mère et la fille se pendaient au cordon de ma sonnette : on se lève de si bonne heure en province ! Il fallait se jeter à bas du lit, se frotter les yeux, endosser à la hâte une robe de chambre pour recevoir ces visiteurs champêtres, et leur faire un accueil gracieux au lieu de les envoyer à tous les diables.

— Tiens, c'est vous, père Michonneau ! vous à Paris ! Que vous êtes aimable d'être venu me voir !

— Oh dam ! tout de suite. On connaît ses devoirs, allez. Demandez à madame Michonneau.

— Pour ce qui est du respect, on ne peut rien lui reprocher à notre homme. Ça vénère son député, ajoutait madame Michonneau.

— C'est beaucoup d'honneur pour moi, madame. Asseyez-vous donc, père Michonneau ; là, sans façon, comme chez vous.

Et j'en avais pour deux heures avec les Michonneau. Il me fallait écouter l'histoire du voyage, des économies qu'on y avait consacrées, des projets d'éducation pour la jeune fille, enfin le détail des graves motifs qui font qu'un campagnard se déplace. Voir Paris est toujours pour le provincial une grande et consciencieuse affaire, un programme très-compliqué. On ne veut rien oublier, surtout de ce qui est gratuit. Le député est presque comptable des omissions. Tous les Michonneau du monde considèrent leur représentant à Paris comme un homme qui doit leur ouvrir les portes des monuments publics, des enceintes législatives, des parcs royaux, des châteaux de la couronne, des musées, des expositions, quelquefois même des théâtres. Le député n'est plus alors l'homme d'affaires du commettant : il en devient le cornac. Les Michonneau comptaient sur moi pour jouer ce rôle, et je m'y prêtais avec une candeur et un abandon sans limites.

Dans des occasions semblables, madame Paturot se chargeait des femmes ; il ne me restait plus qu'à distraire et à supporter les hommes. Il fallait voir quelles façons de toilettes ces Michonneau apportaient de leurs montagnes, et quels rires ils soulevaient chez les couturières où Malvina les conduisait. Les folles apprenties des ateliers parisiens ne pouvaient se contenir, et c'était à grand'peine que les maîtresses conservaient leur gravité. Pour comble de supplice, ces créatures-là marchandaient tout d'une manière déplorable, et, pour un rabais de deux francs, descendaient et remontaient vingt fois l'escalier. Quand les Michonneau dînaient chez moi, ils mettaient, au dessert, des biscuits et des fruits dans les poches pour le déjeuner du lendemain. S'il se présentait, dans leurs courses, un objet souverainement ridicule, hors de mode depuis dix ans, ils ne manquaient jamais d'en avoir la fantaisie. C'était à rougir d'une compagnie pareille.

Souvent j'étais à la Chambre, tranquille sur mon banc, enchanté d'être quitte, pendant une heure ou deux, de tant d'obsessions et de tracas. Un discours écrit berçait mon oreille et me maintenait dans un état de somnolence, quand tout à coup la voix d'un huissier me réveillait :

— On demande M. Paturot dans la salle des Pas-Perdus, me disait-il à demi-voix, et avec la politesse qui caractérise cette institution.

— C'est bien, c'est bien, répondais-je machinalement.

Je me levais, et j'allais voir qui me dérangeait ainsi. Que trouvais-je? une légion de Michonneau, trois générations de Michonneau. Il fallait faire placer cette fournée dans les tribunes : on avait compté sur moi, sur mon influence. Impossible de refuser : l'arrondissement est inexorable en pareil cas, il ne pardonne guère à son député de ne pas trouver des places pour l'électeur, même dans une salle comble. Je remuais ciel et terre, je suppliais les questeurs, j'allais d'une tribune à l'autre, cherchant partout un coin pour la nichée des Michonneau. Tant d'efforts étaient rarement vains : presque toujours je parvenais à loger mes commettants; et, avec la persévérance qui distingue le montagnard, ils finissaient par s'élargir aux dépens des voisins et par se caser fort à l'aise. Alors commençait pour moi une autre angoisse. La femme Michonneau, douée d'une vue fatale, m'apercevait dans l'hémicycle, et me prodiguait de là-haut les œillades, les signes et les gestes d'intelligence. Il me semblait l'entendre de mon banc.

— Dis donc, notre homme, tu ne l'aperçois pas, notre député? Tiens! de ce côté, dans un coin, le quatrième à gauche! (*Haut.*) Bonjour, monsieur Paturot, bonjour.

— Où diable le vois-tu, madame Michonneau? devait dire l'époux.

— T'as donc la berlue! Tiens, l'habit bleu, les cheveux châtains, près d'un maigre à perruque. (*Se levant.*) Votre servante, monsieur Paturot...

Ce manége durait pendant toute la séance. Cette famille n'avait pris une loge que pour jouir du spectacle de son député, et madame Michonneau semblait jalouse de me compromettre aux yeux de la Chambre entière. Le jeu des mains, des regards, des petits signes de familiarité, allait si loin, que, de guerre lasse, je m'accoudais sur mon pupitre, et, tournant le dos à l'ennemi, je me condamnais à une immobilité complète. C'était le seul moyen d'en finir avec madame Michonneau. Alors, la tribu entière se résignait à écouter en bâillant, ou à grignoter quelques comestibles, débris du dessert de la veille. Quant au père Michonneau, il était émerveillé de la facilité avec laquelle parlaient les orateurs qui occupaient la tribune. Aussi, au sortir de la séance, ne manquait-il pas de me dire :

— Pourquoi donc que vous ne montez pas là-haut, notre député, pour gazouiller un peu comme les autres? ça ferait un bruit au pays.

Toujours le même reproche : pourquoi ne parlez-vous pas? D'un côté, c'est le notaire qui me l'écrit; de l'autre, c'est le commettant qui me l'insinue. L'arrondissement exige que je parle; il n'accepte pas le silence de son député; il lui faut des phrases. On se plaint quelquefois du bavardage des orateurs; on s'imagine qu'ils montent à la tribune pour leur plaisir, qu'ils s'exposent de gaieté de cœur aux plaisanteries des folliculaires; on ne sait pas qu'ils ne vont là qu'avec crainte et sous l'aiguillon de leurs électeurs. L'arrondissement a nommé un député; il ne veut pas en être pour ses frais. L'orage peut couver pendant quelque temps; mais si un arrondissement voisin prend la parole et se distingue, l'exaspération locale ne connaît plus de bornes. — Qu'a donc notre député? se dit-il. D'où vient qu'il se tait obstinément? Peu à peu la rumeur gagne, les ennemis s'agitent, les amis s'inquiètent et se troublent, les reproches d'incapacité et de négligence circulent de toutes parts, la situation n'est plus tenable; il n'y a plus qu'un moyen d'en sortir : c'est d'aborder la tribune.

Je l'avoue, cette perspective m'avait toujours pénétré d'un certain effroi. Cette rampe de marbre a quelque chose de si solennel et de si redoutable; il est si grave de s'abandonner, devant une assemblée nombreuse, en face d'une publicité retentissante, à tous les hasards, à tous les lieux communs de la pensée, d'affronter les distractions et les émotions que ce spectacle inspire, le vertige qu'occasionnent tant de regards attachés sur l'orateur, de soutenir sans trouble ce rôle écrasant et délicat, qu'un peu de crainte était permise, même à un homme moins novice et plus téméraire que moi. Une improvisation me semblait être une loterie, où les idées et les mots arrivent à l'aventure, et d'où les sottises peuvent s'échapper aussi bien que les grandes idées. Pour réussir dans ce genre d'exercice, deux qualités sont surtout nécessaires, et je ne les avais pas : d'un côté, une imperturbable confiance en sa propre supériorité; de l'autre, une pauvre opinion de l'intelligence de son auditoire. Avec l'estime de soi et le dédain du reste, on fait son chemin dans les sphères de l'improvisation : le terrain est fatal pour tous ceux qui hésitent et qui doutent.

Bon gré, mal gré, j'étais condamné à donner à l'arrondissement le spectacle de cette tentative. On m'avait placé dans une situation telle que je ne pouvais plus reculer. Mon silence devenait chaque jour plus fatal; on en abusait contre moi, on allait jusqu'à me dire vendu aux arrondissements voisins. Mort pour mort, il valait mieux encore un moyen désespéré que cette agonie lente. Je me décidai à franchir le Rubicon parlementaire. Dès lors, plus de sommeil tranquille; ma pensée courait chaque nuit à la poursuite d'effets oratoires. Je me voyais à la tribune, aux prises avec des mots sans signification, des phrases incohérentes : je cherchais l'adjectif sonore, le substantif retentissant; je polissais la péroraison, je perfectionnais l'exorde. Cet état d'insomnie et de cauchemar se compliquait d'une agitation fiévreuse et de crampes atroces dans les jambes. Je plains les compagnes des grands orateurs; elles doivent passer bien des nuits blanches.

— Mais qu'as-tu donc? me disait Malvina, ennuyée de ce manége; tu frétilles comme une anguille de Melun.

— J'improvise, ma chère, j'improvise. Dieu! la belle période que je viens de trouver! Veux-tu que je te la communique?

— Plus souvent! à trois heures après minuit.

— Il n'y a pas d'heure pour l'éloquence, bibiche! Je terrasse les factions depuis vingt minutes avec un succès dont on n'a pas d'idée.

— C'est donc ça que tu exécutes ton petit pas

gymnastique en rêvant? Merci! j'en aurai des bleus sur les mollets demain.

— Malvina! c'est l'inspiration, vois-tu! Je veux pulvériser la presse, ce fléau des fléaux, cette hydre des hydres. Ecoute.

— Du tout! Je me sauve.

— Voici ce que je lui dis, dans mon improvisation, à cette lèpre odieuse que l'on nomme un journal : je m'élève à la plus haute éloquence :

« Messieurs,

« J'aborde cette tribune pour protester contre la
« liberté illimitée de la presse : dussé-je périr sur
« l'échafaud, je m'élèverai contre les folliculaires
« qui... »

— Jérôme! Jérôme! tu abuses de ma position.

— Attends la fin, ça vaut la peine d'être entendu. On n'a jamais malmené les journalistes comme je le fais... « Ces folliculaires qui ne respectent rien, qui
« se mettent volontairement en dehors de la consti-
« tution, qui... »

— Jérôme, veux-tu que je me fâche?

— Un peu de patience, tu vas voir le trait; c'est adorable, ça n'a jamais été dit... « Ces folliculaires qui... »

— Voilà que ça me part; prends garde à toi, Jérôme!

— Le trait seulement, le bouquet final, ma chère! C'est divin... « Ces folliculaires que... »

— Ah! tu m'embêtes; le mot est lâché.

Le dialogue se terminait là; Malvina était trop montée; je me résignais; et, me pelotonnant dans un coin du lit, j'y poursuivais mon improvisation d'une manière plus solitaire et moins bruyante.

XXII.

LES GRANDS ORATEURS. — LE DINER PARLÉMENTAIRE. L'IMPROVISATION.

Pour me former au grand art oratoire, j'avais sous les yeux, au sein de la Chambre d'alors, une foule de précieux modèles. Lequel suivre? Là commençaient mes incertitudes.

L'un portait un habit bleu, à boutons de métal, croisé jusqu'au menton : on eût dit de loin une cuirasse pressant une poitrine bien développée. La tête avait un beau caractère, l'œil était vif et saillant, les traits réguliers, la lèvre sardonique, le front vaste, le crâne dégarni. On distinguait, dans cet ensemble, une puissance réelle, du sentiment, de la chaleur, en un mot les qualités de l'artiste. C'était, en effet, un grand artiste plus passionné que convaincu, plus ardent que réfléchi, et se plaisant, à cause de la difficulté même, dans une situation sans issue. On ne pouvait rien entendre de plus beau et de plus abondant que sa parole, de plus sonore et de plus plein que le timbre de sa voix. La dignité du geste et la fierté du regard ajoutaient encore à ces moyens extérieurs une séduction irrésistible. Dans les jours heureux, personne ne se dérobait à l'influence de tant de dons réunis. Mais ce succès dépassait rarement la tribune : après avoir écouté, il ne fallait pas lire.

Cette lave, une fois figée, avait perdu les seules qualités qui lui fussent propres, l'éclat et le mouvement. La veille, on admirait cette éloquence en fusion; le lendemain, il était difficile de n'en pas remarquer les scories. Beaucoup de vague dans l'idée sous la pompe de l'expression, une dialectique plus brillante que solide, des arguments grêles sous un vêtement très-ample, une habileté rare à tout mettre en question, unie à l'art de ne pas conclure : voilà de quoi se composait ce talent, l'un des plus achevés et des plus incomplets qu'ait vus éclore la tribune moderne. Il figurait en première ligne parmi les maîtres de l'art oratoire, et, quoique dans un camp opposé, je savais lui rendre cette justice.

Non loin de lui, quoique avec des formes plus lourdes, se tenait un tribun qui abusait un peu de son lorgnon comme maintien et comme moyen préparatoire. Il portait également l'habit boutonné, détail qui semble être commun à la famille des orateurs. Le front élevé et saillant, l'œil couvert par l'arcade sourcilière, le sinciput presque dépouillé, une physionomie qui ne manquait ni d'élévation ni de caractère, voilà sous quels traits principaux se révélait ce second tribun. Quant à sa parole, elle n'avait ni la même puissance, ni la même grandeur. L'organe était pesant, la diction manquait d'élégance et de charme; l'expression était juste, mais languissante et rarement choisie; elle perdait en grâce ce qu'elle avait de trop en solidité. Ces défauts étaient compensés par plusieurs qualités précieuses et rares. Sous cette écorce peu flexible, il était impossible de ne pas reconnaître un fonds d'honnêteté, un accent de conviction véritablement estimables. Si la pensée se faisait jour avec quelque embarras, elle conservait néanmoins de l'enchaînement et obéissait à un ordre méthodique, à une sobriété trop méconnue aujourd'hui. Dans ces conditions, l'orateur représentait, avec beaucoup de justesse, un parti qui compte plus sur l'influence des principes que sur les prestiges de la parole. Je n'étais pas des siens, mais j'étais prêt à reconnaître la loyauté de ses vues et la sincérité de ses convictions.

Ces deux personnages écartés, je me rapprochais de mon terrain. C'était alors la première époque du talent le plus dithyrambique qui ait jamais abordé aucune tribune : je prends cette épithète dans la meilleure acception qu'elle puisse avoir. Platon avait banni les poëtes de sa république, sans se douter qu'il s'en bannissait lui-même en sa qualité de poëte, et de l'un des plus grands poëtes de l'antiquité. Quiconque aspire au mieux est poëte, car le mieux ici-bas est l'inconnu, l'idéal comme la poésie. On peut donc être à la fois un grand poëte et un grand orateur : il n'y a rien là-dedans qui s'exclue. Rien de plus noble, d'ailleurs, de plus heureux, comme coupe de visage, comme port, comme pose, que l'orateur dithyrambique et chevaleresque dont je veux parler ici. Ces avantages extérieurs entrent pour quelque chose dans un succès de tribune; ils le préparent et le complètent. Quand on y peut joindre la pureté de l'accent et de la voix, la grâce contenue du geste, le jeu animé de la physionomie, la parole n'a plus que peu d'efforts à faire pour s'emparer d'une assemblée. C'était le cas du poëte-orateur. Il ne s'en croyait pas moins obligé de déployer à la tribune toute la magnificence de son style et d'y apporter une prose colorée jusqu'à la recherche. A cette époque, il visait plus haut que la Chambre et dépassait constamment le but. Il lui restait à régler sa force, à modérer son essor, à se mettre au niveau des oreilles qui l'écoutaient. Mais c'est un beau défaut que cet excès de puissance : il est plus facile d'en médire que d'y atteindre.

Voici maintenant le contraste. Près de l'orateur qui tient à la main le rameau d'or de la poésie, éternellement renouvelé, se montre l'orateur dogmatique qui sacrifie à la concision, presque à la sécheresse. A l'abondance inépuisable des images, à la période pleine de nombre et d'haleine, ont succédé la phrase courte et martelée, la dialectique sobre et magistrale. Tout se dit avec poids, mesure et gravité; tout procède par démonstrations doctorales, tranchantes, impératives. La tactique oratoire emprunte dès lors quelque chose à la férule du précepteur, la requête prend un air d'injonction, la prière même ressemble à une remontrance. Ce moyen est souvent heureux : les assemblées se révoltent rarement quand on les morigène, surtout si le physique est assorti à l'emploi, si le geste et le visage sont anguleux, si l'organe est vibrant et assuré. Rien ne réussit mieux qu'une volonté qui s'impose et semble refuser le débat. Lorsqu'à la fermeté de la pensée s'unit quelque bonheur dans l'expression, rarement les grandes assemblées résistent à cet ensemble de moyens : l'éloquence dogmatique est de toutes la plus sûre comme effet, la plus aisée comme pratique. Il est impossible que l'on ne fasse pas passer chez les autres la confiance que l'on a en soi-même, quand cette confiance éclate en toute occasion et ne se dément jamais.

Cependant ce genre de triomphe n'était pas mon fait; mes instincts me portaient ailleurs. Un autre orateur de premier ordre existait à la Chambre, et c'était celui-là que je devais choisir pour modèle. Il faut dire que je ne pouvais me lasser d'admirer l'essor rapide qu'il avait pris. Pour conquérir une grande situation parlementaire, il avait dû lutter contre des obstacles de nature, contre son organe, contre sa taille, contre un extérieur peu avantageux. Les hommes qui occupaient la tribune avec éclat avaient sur lui cette supériorité de la prestance et de la voix. Il avait fallu les vaincre par la dextérité de la parole, la fécondité des ressources, la souplesse du talent. C'était là mon idole, le maître de mon choix. Chaque fois qu'il gravissait la rampe de marbre, je me recueillais comme un homme qui va écouter une leçon. Il faut lui rendre cette justice, qu'il n'y épargnait pas les heures, et que j'avais tout le temps nécessaire pour me pénétrer de sa manière et m'inspirer de ses procédés. Ce qui me plaisait en lui, c'est qu'il prenait une question au berceau, et ne la quittait qu'après l'avoir épuisée. Il supposait toujours (et Dieu sait avec quel à-propos!) que la Chambre ignore jusqu'au premier mot des choses; cela indiquait une profonde étude du cœur humain. Grâce à lui, je faillis comprendre la question d'Orient : un discours de plus, et je mordais au problème. Malheureusement, je demeurai avec quatre heures de leçon; ce n'était point assez. Mais ce qui m'est resté de la question d'Orient, je le dois à l'orateur qui m'a servi d'étoile. Par ses soins, j'ai appris qu'il existe sur le Bosphore une ville qui se nomme Constantinople, et que les Turcs y sont en majorité. C'est là incontestablement une notion très-essentielle en tout état de cause. Encore quelques efforts, et j'aurais su ce qu'est l'Égypte, ce qu'est la Syrie, pays célèbres dans l'antiquité. Le temps m'a manqué pour cette éducation parlementaire et ce cours d'histoire. Seulement, rien n'effacera de mon souvenir les impressions que m'a laissées l'éloquence du plus éveillé, du plus alerte, du plus fécond de nos orateurs, son ingénieuse manière d'exposer et de raconter, la ductilité, l'élégance de son langage, enfin une érudition historique qui n'est jamais à bout de ressources ni de rapprochements.

J'avais donc, après quelque hésitation, trouvé un modèle oratoire ; il ne me restait plus qu'à travailler là-dessus. Une autre difficulté subsistait, celle de connaître à fond les locutions qui avaient alors la vogue. J'avais remarqué, en effet, que la Chambre change de temps en temps de vocabulaire, et adopte certaines expressions, certains mots, pour leur donner une popularité triomphante.

— Voyons, me disais-je, mettons la main sur le substantif à succès, sur l'épithète accréditée. Disons, par exemple :

« Je dois à *mon pays* la vérité, et je la dis à *mon
« pays : mon pays* a droit à la vérité ; je dirai la
« vérité à *mon pays*. »

Pendant que je me livrais à cet exercice de linguistique, Oscar était à mes côtés, dans mon cabinet. C'était un garçon de bon conseil, malgré sa scélératesse profonde.

— Qu'en penses-tu? lui dis-je. Ne trouves-tu pas que cela remplit parfaitement la bouche : *mon pays?*

— J'aimerais autant : *ma payse*, répliqua le peintre ordinaire de Sa Majesté. C'est plus anacréontique.

— Mauvais plaisant! il me semble que cela fait bien, *mon pays!* Le cabinet le dit; l'opposition le dit; tout le monde le dit.

— Alors c'est le pays de tout le monde, et le *mon* est de trop.

— Oscar, je vois ce que c'est : tu préfères *ce pays-ci*. Ça a été employé dans les premiers-Paris. *Ce pays-ci!* va pour *ce pays-ci!*

— Pas plus que *ce pays-là!*

— Alors, Oscar, nous nous rabattrons sur *les hommes et les choses*. Voilà qui ne manque jamais son effet, *les hommes et les choses!* c'est compréhensif; c'est philosophique; c'est synthétique; ça doit t'aller.

— Merci! je sors d'en prendre, répliqua le rapin avec humeur.

— Pas même *les hommes et les choses*, Oscar! tu es difficile! Et la *haute* indépendance, les *hautes* lumières, la *haute* sagacité? tu repousses également ces *hautes* expressions de *haut* goût parlementaire.

— J'aime mieux le *flou*, le *poncif* et tout l'argot des ateliers : ça me connaît du moins.

Décidément le peintre ordinaire de Sa Majesté y mettait de la mauvaise volonté; il ne voulait pas m'aider dans mes recherches oratoires. Je poursuivis seul mon étude. Ce travail, d'ailleurs, fut bientôt interrompu par les lettres désespérées qui me parvinrent de l'arrondissement. Non-seulement on me demandait un discours, mais on m'imposait un sujet. Il n'était plus question désormais ni de la liberté illimitée de la presse et des écarts des folliculaires, ni de *mon pays* ou de *ce pays-ci*, ni *des hommes et des choses*, ni de rien de semblable. Le gouvernement venait de présenter un projet de loi qui, entre autres articles, dégrevait les fromages étrangers. On devine quel cri de détresse avaient poussé les fromages de l'arrondissement. C'était un deuil général dans la montagne ; les bestiaux se lamentaient ; les populations parlaient de marcher sur la capitale. Il n'y avait pas à balancer, il fallait prendre la parole contre les produits caséeux de l'étranger et empêcher qu'ils ne souillassent le territoire.

Pendant mon noviciat parlementaire, j'avais pu remarquer que plusieurs députés, assez médiocres d'ailleurs, parvenaient à se faire une petite clientèle de collègues, à l'aide d'invitations lancées à propos. Le député qui perche à Paris ne craint nullement les dîners en ville, surtout quand ces dîners ne sont pas sans façon ; il n'a aucune répugnance pour les babas et le punch, même quand ils se compliquent de contredanses. Plus d'un membre des centres a fait ainsi son chemin dans la Chambre par des galas, des ambigus et des réunions dansantes auxquels il convie, soit ses voisins sur les bancs, soit les membres de son bureau. C'est un moyen d'influence fort en usage, surtout à la veille des renouvellements mensuels.

Je résolus de le mettre au service du fromage français et de mon début oratoire. J'étais sûr de me ménager ainsi trois ou quatre voix pour saluer mon improvisation d'un *Très-bien!* et de me composer un petit noyau d'auditeurs reconnaissants et polis. Il fut donc décidé que nous donnerions un grand dîner ; j'avais jeté les yeux sur douze collègues d'un estomac résolu, en y joignant quelques notabilités des centres. La princesse palatine, attachée plus que jamais à mon char, devait aider madame Paturot à faire les honneurs du repas et de la soirée : elle avait promis, en outre, d'amener le feld-maréchal Tapanowich en grand uniforme. Mon triomphe allait être complet, et le Tartare devait y figurer en vaincu. Aussi n'épargnâmes-nous rien pour que cette fête laissât des souvenirs dans la mémoire des convives. Tout ce que le luxe du service peut comporter de raffinements fut prodigué en cette occasion : les pièces les plus rares, les vins les plus exquis furent rassemblés avec un soin particulier. Rien que de délicat et de choisi ne devait paraître sur ma table ; chaque mets allait être la dernière expression, le mot final de la science. Je ne m'adressai pas à un cuisinier ; je pris un artiste. Oscar et lui arrêtèrent le menu. C'était un repas à barbe, un festin chevelu : je le vis bien à l'addition.

Au jour et à l'heure dits, mes convives arrivèrent, et je les présentai successivement à Malvina, qui leur fit les honneurs de sa maison avec une grâce infinie.

Bientôt la compagnie fut au complet, et l'on se dirigea vers la salle à manger. Les choses s'y passèrent très-convenablement : tout était merveilleux, cuit à point et d'une délicatesse rare ; les vins furent appréciés surtout par de véritables connaisseurs. Au dessert, j'avais conquis bien des suffrages : le feld-maréchal, dépouillant ses rancunes, jetait sur moi des regards tendres et enluminés ; la princesse palatine tenait tête à ses voisins ; Malvina avait retrouvé sa verve et son caquet d'autrefois. Quant à mes collègues, après avoir gardé quelque réserve, ils finirent par nous donner le spectacle d'un abandon peu parlementaire ; enfin tout alla au mieux.

Désormais, je pouvais risquer la grande entreprise : j'avais un parti. Je préparai mon improvisation et l'appris par cœur ; puis, pour tout prévoir, je mis le manuscrit dans ma poche. C'était une planche de salut pour un cas extrême : on va voir que la précaution n'était pas inutile. Le projet de loi contre lequel j'allais parler était presque sans intérêt pour la Chambre ; aucune émotion ne s'y attachait. Aussi les discours se succédaient-ils au milieu de conversations bruyantes. Ce fut au plus fort de la confusion que je demandai la parole, et que, prenant mon courage à deux mains, j'escaladai la tribune. Un verre d'eau était à ma droite, je l'avalai machinalement, après quoi, en cherchant à assurer ma voix, je commençai :

« Messieurs, dis-je, je viens parler à mon pays
« d'une industrie qui l'intéresse très-vivement, celle
« des fromages... »

A ce mot, un éclat de rire bruyant s'éleva du sein de l'assemblée ; le public, les messagers d'Etat, les journalistes, les huissiers même, prirent part à l'hi-

larité générale. C'était un beau et unanime succès.
Je voulus continuer ; impossible. Les explosions de
rires étouffaient ma voix, et une pluie de quolibets
venait m'assaillir de tous les côtés. Enfin, de guerre
lasse, je quittai la tribune ; mais, par une inspiration
de génie, je portai la main à ma poche et en tirai
mon discours pour le remettre au sténographe du
Moniteur.

Cette idée lumineuse me sauva ; le lendemain,
mon plaidoyer pour les fromages figurait dans le
Moniteur sur cinq grandes colonnes, assaisonnées de
sensation et de *très-bien* qui leur donnaient un caractère triomphant. L'arrondissement fut battu, mais
cette défaite eut pour moi tous les caractères d'une
grande victoire. Ce fut ainsi que je gagnai à la tribune ma bataille d'Austerlitz.

XXIII.

L'ESPIONNE RUSSE. — L'EMPRUNT FORCÉ. — LA MAISON
MOYEN AGE. — UNE CRISE MINISTÉRIELLE.

Depuis que j'étais arrivé aux honneurs de la députation, mes relations avec la princesse Flibustofskoï avaient pris un caractère inquiétant. La palatine ne pouvait plus se passer de moi ; quand je lui manquais, elle envoyait à ma recherche. Elle était jalouse de tout : de mes commettants, de ma femme, même de mes travaux parlementaires. Il fallait lui rendre compte des moindres démarches, de mes ennuis et de mes joies, de mes rapports avec mes collègues, de mes entretiens avec les ministres. Sur ce dernier point, elle était intolérable : si par malheur la mémoire me servait mal, elle me pressait de questions, et me faisait subir un interrogatoire.

— D'où venez-vous donc? me disait-elle avec un air boudeur qui lui allait à ravir. Vous vous gâtez, Jérôme ! Une visite à dix heures du soir ! c'est le prendre à l'aise, monsieur !

— Palsambleu ! Catinka, excuse-moi, répondais-je avec un air tout à fait Lauzun : c'est le ministre *** qui ne voulait plus me laisser aller.

— Ah ! vous venez de chez le ministre ***, ajoutait ma belle avec des hochements de tête accusateurs.

— Oui, ma charmante, oui, de chez le ministre; nous étions là douze collègues, en petit comité, un couvert de choix. Les choses se sont admirablement passées. Il s'agissait de ramener trois votes qui branlaient au manche. Ç'a été enlevé : ce diable de *** est si habile !

— Vous ne dites pas tout, Jérôme ! On le connaît, votre ministre; on sait quels sont ses moyens d'influence.

— Allons, ne vas-tu pas maintenant être jalouse, Catinka ! C'est ridicule, parole d'honneur ! ajoutais-je en lui prenant la main.

— Pas de familiarités, monsieur ! Un ministre qui protége le corps du ballet, voilà de belles connaissances ! Et c'est à cela qu'on nous sacrifie, s'écriait-elle en fondant très-naturellement en larmes.

Je n'ai jamais compris le don que possèdent les femmes de changer leurs yeux en fontaines, et ce spectacle m'a toujours ému. La beauté y gagne, et le sentiment n'y perd rien.

— Mais, ma divine, lui disais-je, il n'y a pas le moindre bon sens à sangloter ainsi. Tu es toujours ma princesse, ma seule et unique palatine; tu es mon trésor et ma joie, mon diamant et ma perle, mon Andalouse au teint coloré.

Je prodiguais les tendresses sur ce ton, j'épuisais mes réminiscences en poésie chevelue; mais rien n'y faisait.

— Jérôme! Jérôme! murmurait la princesse en lâchant de nouveau les écluses de ses yeux, vous vous perdrez avec vos ministres! Ce sont des libertins, des coureurs!

— Mais non, mon adorable, on a été sage ce soir, très-sage! Pas une gaudriole, pas un mot pour rire! Nous avons fait de la haute politique, voilà tout.

— Oui, c'est toujours votre excuse! De la politique de coulisses, n'est-ce pas?

— De la très-haute politique, Catinka! Question d'Orient, tout ce qu'il y a de plus compliqué et de plus grave. Il paraît qu'il se passe de terribles choses là-bas.

— Jérôme, Jérôme, vous cherchez à me donner le change.

— Du tout, ma charmante, c'est la vérité pure! Le jeune Grand-Turc se conduit mal; les bimbachis et les topbachis ne sont pas pour nous ce qu'ils devraient être; il y a aussi un kaïmakan qui s'émancipe et un capitan-pacha qui fait des siennes. L'ambassadeur russe n'est pas étranger à ce mic-mac, et l'horizon se couvre généralement de nuages. Tout cela donne à réfléchir à notre premier ministre.

— Défaites pures ! Quand vous arrangez un conte, tâchez au moins qu'il soit vraisemblable, monsieur ! bimbachis, topbachis, kaïmakans, qu'est-ce que ce jargon ?

— Suffit, je m'entends, mon trésor ; c'est le langage de la haute diplomatie ; ça nous connaît. Toujours est-il qu'on lui a posé un ultimatum, à ce jeune Grand-Turc ; et, s'il ne l'accepte pas, notre ambassadeur quittera Constantinople. Ils n'ont qu'à bien se tenir, les bimbachis ! Je ne donnerais pas cinquante centimes des kaïmakans dans l'état des choses !

Quand une fois j'étais lancé sur ce chapitre, je ne m'arrêtais plus ; il n'y a rien qui aide à l'improvisation comme de traiter des sujets auxquels on est complétement étranger. Je voyais d'ailleurs peu à peu ma princesse s'adoucir, se calmer ; la glace se fondait sous l'ardeur de ma parole ; les larmes tarissaient, l'œil s'animait, les joues reprenaient leurs couleurs, les lèvres leur sourire. Ce retour avait lieu par gradations, par nuances, jusqu'à ce que, laissant tomber sa belle tête sur mon épaule, Catinka proclamât elle-même mon triomphe :

— Allons, me disait-elle, mauvais sujet, approchez-vous, que l'on vous pardonne !

Cependant, je dois l'avouer, malgré la passion effrénée dont j'étais l'objet, mes relations avec la palatine ne se continuaient qu'à titre onéreux. L'empereur Nicolas n'avait pas voulu se départir de ses rigueurs. Quand il sut qu'une Flibustofskoï s'affichait avec un membre de la Chambre des députés de

France, sa colère ne connut plus de bornes ; il fit placer les trois cent vingt-deux mille moutons de la princesse sous un séquestre provisoire, ce qui changeait du tout au tout la situation civile de ces animaux. Mon gage diminuait ainsi de solidité, les hypothèques de l'empereur primant toutes les autres. Peu à peu pourtant la créance s'était accrue. De vingt mille francs en vingt mille francs, nous étions arrivés au chiffre de cent soixante mille, ce qui ne laissait pas que de faire à ma fortune une brèche considérable. La conduite du feld-maréchal Tapanowich était d'ailleurs fort inégale à mon égard. Quand la palatine venait de pratiquer une saignée à mon coffre-fort, le visage du Tartare demeurait pendant quinze jours à l'état d'épanouissement ; mais à mesure que les fonds baissaient, les façons devenaient plus rudes et les regards plus farouches. Pendant le dernier billet de mille francs, le pandour était intolérable ; vingt fois j'eus l'envie de lui demander une explication.

La princesse intervenait alors et me racontait des scènes de la vie moscovite : c'était d'un dramatique achevé. La pauvre créature, pour avoir désobéi à l'empereur, était condamnée à avoir toute sa vie à ses côtés ce feld-maréchal de malheur : il répondait d'elle corps pour corps aux autorités russes. Quand il était plus sombre, c'est que les ordres venus de Russie étaient plus rigoureux ; quand il s'humanisait, c'est que la famille de la princesse avait intercédé auprès du czar et espérait obtenir sa grâce. Ces phases heureuses et malheureuses se succédaient de telle sorte, que je croyais chaque jour tenir les 322,000 bêtes à laine qui devaient me désintéresser de mes avances ; mais, à mesure que j'avançais la main pour saisir mon gage, le cruel empereur fulminait un nouvel ukase qui maintenait ce troupeau sous la dépendance politique de la couronne. Les moutons étaient tondus pour le compte de l'État, et moi je l'étais de plus en plus par la princesse. Quelques soupçons douloureux commençaient à m'assaillir; mais qu'y faire? Envoyez donc un huissier exécuter une saisie sur les bords fortunés du Don !

D'autres embarras venaient s'ajouter à celui-ci. La maison moyen âge était achevée : l'architecte chevelu avait conduit les travaux avec une rapidité prodigieuse. Le bâtiment était souverainement ridicule; l'artiste y avait prodigué les flèches, les clochetons, les cristallisations extérieures. Les fenêtres à ogives juraient avec les tons neufs de l'édifice, avec la blancheur de la façade. Cela constituait, dans l'ensemble, un pastiche du plus mauvais goût, une réminiscence sans grâce. Cependant l'architecte semblait triompher dans sa barbe : il contemplait son œuvre avec le ravissement et l'extase de la paternité.

— Pâque-Dieu! s'écriait-il, que voilà donc un monument bien réussi! comme c'est ça! par saint Pancrace, comme c'est ça!

— Monsieur, lui répondis-je, en essayant de l'arracher à sa contemplation, il faudra réunir les comptes des fournisseurs, afin de savoir à quel prix la construction me revient.

— Non, Pâque-Dieu! on n'a jamais attrapé l'ogive *rutilante* à ce degré! c'est mieux que les originaux! Monsieur Paturot, dit-il en se retournant de mon côté, j'aurais eu à loger un premier syndic, que je n'aurais pas fait de la meilleure besogne ; vous respirerez par la plus belle ogive que le compas humain ait jamais tracée ! Heureux mortel !

— Mais, monsieur...

— On cite la maison de l'argentier de Bourges, la tour de Saint-Jacques-de-la-Boucherie, les Thermes de Julien : voici qui efface tout, monsieur. Pâque-Dieu ! comme ces balustres sont d'un bon effet !

J'eus toutes les peines du monde à ramener l'artiste enthousiaste à des idées plus positives. Nous rassemblâmes les divers mémoires, afin d'avoir le chiffre exact du total. En avances de diverses natures, j'avais déboursé près de quatre cent mille francs, et il restait dû, à droite et à gauche, plus de cent cinquante mille francs. Une maison fort incommode, fort étroite, fort mal distribuée, m'allait donc coûter six cent mille francs environ. Le devis primitif ne s'élevait qu'à deux cent mille ; mais, en fait de construction, on ne sait jamais où l'on va, et avec l'art chevelu moins qu'avec l'art méthodique. J'avais une maison à moi et un magasin entièrement neuf : ma caisse, en revanche, renfermait six cent mille francs de moins. C'était un rude coup de lancette.

Un moment je crus que la Providence m'envoyait une compensation inespérée. Des rumeurs sourdes circulaient depuis quelque temps sur les bancs de la Chambre ; on s'y formait par groupes, on chuchotait çà et là dans les couloirs, on se livrait sur divers points à des entretiens animés. Tout ce manége m'inquiétait peu ; j'avais la conscience trop tranquille pour que rien vînt troubler mon horizon parlementaire. L'œil fixé sur le banc des ministres, je votais comme eux, applaudissais comme eux, murmurais comme eux. Les voyais-je heureux, j'étais heureux ; tristes, j'étais triste. J'avais pris des habitudes régulières d'obéissance et de dévouement ; c'était devenu une partie de mon être, de ma vie. Du reste, je marchais seul désormais ; je n'avais plus besoin de conseils, ni de leçons. Il y avait à cela le double avantage d'émanciper ostensiblement mon libre arbitre, et d'éviter les articulations du dangereux voisin qui avait éclairé mes débuts. Je jouissais depuis lors d'une entière sécurité, et, dans le cercle de mon joug volontaire, d'une certaine indépendance.

Aussi ma surprise fut-elle au comble lorsqu'arrivé à la Chambre d'assez bonne heure, je me vis un jour abordé par mon ancien moniteur d'une manière mystérieuse.

— Mon collègue, me dit-il, pouvez-vous m'accorder quelques minutes d'entretien? J'ai à vous parler d'un objet qui vous intéresse.

— Volontiers, lui dis-je, surpris de son air discret et énigmatique.

— Venez, ajouta-t-il.

Il m'entraîna hors de la salle des séances, et me conduisit dans l'un des bureaux alors désert.

— Mon collègue, me dit-il en entrant en matière, je vais vous faire une proposition qui vous paraîtra singulière. Voulez-vous passer avec nous dans les rangs de l'opposition?

Je reculai de quelques pas, comme si j'avais posé le pied sur une couleuvre.

— De l'opposition ? lui dis-je.

— Ne vous épouvantez pas, répliqua-t-il, c'est de l'opposition, si l'on veut, de l'opposition dans un but donné.

Loin de me satisfaire, cette explication me blessa ; je fis de vains efforts pour me contenir :

— Pour qui me prenez-vous ? lui dis-je ; moi, Paturot, de l'opposition ! Mais c'est un piége que vous voulez me tendre, mon collègue ; c'est une épreuve que vous voulez me faire subir. Ah ! c'est indigne.

— Non, monsieur Paturot, c'est sérieusement que je vous parle. Le mot d'opposition vous effraie, je le vois ; il ne s'agit que de l'expliquer.

Mon interlocuteur entra alors dans les détails. Une fraction de la majorité allait se séparer du ministère sur une question donnée. Le choix du prétexte importait peu ; le point essentiel était de battre le cabinet, afin de recueillir l'héritage des portefeuilles. Quarante députés environ étaient du complot : leur déplacement laissait le parti ministériel en minorité, et conduisait infailliblement à ce que l'on nomme, dans la langue politique, une crise. A mesure que mon collègue me déroulait ainsi son plan, je me prenais à réfléchir sur cette combinaison singulière qui mettait la tactique à la place de la conviction, et faisait, des plus hautes fonctions de l'État, l'objet d'un siége en règle. Je n'étais pas un esprit à scrupules, et pourtant ma candeur se révolta à cette confidence : ma figure devait exprimer ce sentiment, car mon interlocuteur ajouta :

— Eh! mon collègue, vous n'approuvez donc pas notre plan de campagne? Avec quelques voix de plus, il est pourtant infaillible, et l'on a compté sur votre concours.

— C'est trop d'honneur que l'on m'a fait.

— Écoutez, monsieur Paturot, je vois qu'il faut aller rondement avec vous. Voici toute l'affaire : le ministère ne peut pas résister ; vous lui conserveriez une boule de plus, que cela ne le sauverait pas. Vous voulez demeurer du parti ministériel : cela part d'un bon sentiment ; vous y serez fidèle. Seulement, au lieu d'être du parti ministériel qui s'en va, vous serez du parti ministériel qui arrive. Voilà toute la différence.

— Ceci me semble une subtilité, monsieur.

— Non, c'est seulement une prévision. La liste du nouveau ministère est faite ; la voici.

Et il me la présenta.

— Vous le voyez ; rien que des membres de la majorité, de vos collègues, de vos amis, de ceux qui votent avec vous. Écoutez, monsieur Paturot, le nouveau cabinet est dans l'intention de créer une place de sous-secrétaire d'État par chaque ministère. C'est vingt mille francs par an. Je suis assuré que l'un d'eux pense à vous pour ces importantes fonctions.

— Ah! collègue...

— C'est un détail dans lequel je n'aurais pas voulu entrer afin de ménager votre délicatesse, mais vous m'y forcez. Maintenant je vous laisse.

Le Parthe en me quittant m'avait lancé son javetoi ; je ne fus pas longtemps à en ressentir la blessure :

— Sous-secrétaire d'État, me disais-je, sous-secrétaire d'État, toi, Paturot !

Je fus vaincu ; j'entrai dans la ligue. Une occasion s'offrit pour voter contre le ministère, j'obéis à la fatalité. L'amertume et l'espoir dans l'âme, je déposai une boule noire. C'était la première fois que je me trouvais dans ces conditions de révolte. Aussi en éprouvai-je un long remords. Le scrutin fut hostile, la crise eut lieu ; le ministère de la ligue entra en possession des portefeuilles. Il n'y eut qu'un point du programme qui ne fut pas tenu, c'est celui qui me concernait. Évidemment on m'avait joué.

J'en fus vengé ; le cabinet enfanté par un complot ne dura que quelques semaines. Les vainqueurs, une fois maîtres du champ de bataille, se prirent de querelle pour le partage du butin, et eurent le bon esprit de s'anéantir les uns les autres. Le tour avait manqué ; c'était à refaire. Mais n'anticipons pas sur l'événement.

XXIV.

LES PLAISIRS D'UN MINISTRE.

Pendant le peu de jours que dura le cabinet nouveau, j'eus une sorte de position officielle. L'un des ministres m'honorait particulièrement de son amitié, et j'étais admis chez lui à toute heure. Je m'y rendais souvent avec l'espoir qu'on me tiendrait parole et que le titre de sous-secrétaire d'État couronnerait enfin le vœu d'une ambition légitime. Mon ami le ministre y apportait de la bonne volonté, mais il n'occupait malheureusement qu'un rang secondaire dans le cabinet; son poste était l'un de ceux que l'on désigne sous le nom de *petits portefeuilles.* Tous les jours il devait saisir le conseil de ma demande, et chaque fois des questions majeures et imprévues venaient l'en empêcher. Tantôt c'était la Turquie dont il fallait s'occuper; tantôt le télégraphe signalait une crise espagnole, et tout s'effaçait devant un pareil souci; enfin, de délai en délai et de crise en crise, je voyais mon sous-secrétariat fuir devant moi comme un ombre. Je vouais alors aux dieux infernaux l'Espagne et la Turquie, mais mon humeur ne réparait rien.

Mon ami le ministre était une de ces bonnes natures d'hommes plus propres à la vie de ménage qu'à la carrière politique. Malgré lui, on l'avait porté aux honneurs en le forçant à croire qu'il en avait le génie. Un jour que l'on manquait d'un nom pour compléter une combinaison, le sien s'était trouvé là, et on en avait disposé, sauf à le prévenir quand la chose serait conclue. Hélas! mon illustre ami n'avait rien de ce qui constitue les grands politiques, ni le talent, ni la figure, ni l'encolure. Son éloquence n'allait guère au delà des choses qu'il comprenait, et la liste n'en était pas longue. J'ignore comment il a pu vivre en paix avec la question d'Orient, cet écueil des cerveaux les plus forts; je doute qu'il ait jamais rien compris à l'équilibre européen et au droit de visite. Eh bien! il s'en tirait très-convenablement, et plus d'une fois je l'ai entendu citer comme un excellent ministre. Il faut croire alors que la position n'est pas difficile à tenir et qu'on y suffit avec peu d'étoffe. L'institution est ainsi organisée, qu'un ministère pourrait marcher sans ministre. Cela s'est vu plus d'une fois.

Il est aisé de se rendre compte de ce phénomène. Tout est immuable dans un ministère, excepté le ministre. Le concierge salue légèrement celui qui part, profondément celui qui arrive : il n'y a rien de changé dans l'hôtel, si ce n'est un visage. Le cuisinier préparera le dîner pour le nouveau comme pour l'ancien; le maître d'hôtel ordonnera le service sans s'inquiéter de la révolution des portefeuilles; le sommelier n'en sera point frappé dans sa cave, ni l'huissier dans son frac noir. Seulement tout ce monde s'efforcera de remplir les devoirs de l'hospitalité vis-à-vis de l'intrus qui se permet de venir passer quelques mois dans un immeuble de l'État, coucher sur les matelas officiels et se servir de la vaisselle administrative. C'est hardi de sa part; mais on se prête à l'expérience. Les bureaux, de leur côté, ne semblent ni émus ni troublés dans leur marche; ils sont le lendemain ce qu'ils étaient la veille. Dans cette situation tout l'avantage leur reste; ils ont la clef des affaires, et le ministre n'en sait pas encore le premier mot; ils sont stables, et lui fragile; ils restent, et il passe.

Cependant mon ami le ministre était le plus occupé des hommes : j'avais beau arriver à l'hôtel à tout instant du jour, je ne pouvais pas en jouir.

— Venez demain à dix heures, me disait-il, nous causerons de votre affaire.

J'arrivais à l'heure désignée : ô désappointement! l'antichambre était encombrée, le ministre donnait audience. Comme député, je forçais la consigne et arrivais jusqu'au cabinet. L'excellence venait au-devant de moi :

— Mille excuses, mon cher; mais, vous le voyez, nous n'avons pas un instant pour les amis. Passez chez ma femme, je suis à vous dans quelques minutes. Le temps de déblayer tous ces importuns : c'est à en mourir.

J'obéissais; je passais chez les dames de la maison, que mes longues visites devaient fatiguer. Une heure, deux heures s'écoulaient, mon ami le ministre n'arrivait pas. Las d'attendre, je reparaissais chez lui.

— Que voulez-vous, mon cher! nous sommes esclaves, s'écriait-il en me montrant un amas de paperasses; trois cents signatures à donner. On nous prend pour des automates. Trois cents! les chefs de division ne me feront pas grâce d'une.

En parlant ainsi, mon ami le ministre signait au hasard et sans jeter les yeux sur les pièces.

— Voilà notre vie pourtant : tous les deux jours c'est à recommencer... J'en ai la crampe dans les doigts... Joli métier que nous faisons!... autant vaudrait des machines à parafes... Prenez donc un journal, mon cher; dans un moment je suis à vous.

Ces phrases, qu'il me jetait ainsi, étaient entrecoupées d'énormes soupirs et de signatures données. Il faut croire que cet exercice fortifie les muscles du métacarpe, et qu'il y a pour toute profession des grâces d'état; car je n'ai jamais rien vu de plus expéditif que la main de mon ministre. Des monceaux de papier disparaissaient comme par enchantement : c'était un magnifique champ de bataille. Il est vrai qu'en véritable homme d'État, mon ami signait d'une façon parfaitement illisible, et qu'il ne se croyait pas obligé de prodiguer son nom en entier. Il en réservait pour lui trois ou quatre lettres et se dessaisissait des autres en faveur de ses administrés. C'était du luxe ; d'autres se montrent plus avares. Du reste, il eût été indiscret de lui demander compte de ce qu'il expédiait de la sorte : ses fonctions n'allaient peut-être pas jusque-là. Lire, c'est aggraver sa responsabilité ; ne pas lire, c'est se ménager une excuse. Pour faire la chose en conscience, il faudrait d'ailleurs plus de temps et d'attention qu'un ministre n'en peut donner.

Après les signatures, je croyais en être quitte, quand les directeurs et les chefs de division se présentèrent à l'ordre : il s'agissait de conférer sur les points les plus importants du travail de la journée :

— Encore un ennui, mon cher, me dit mon ami le ministre. Ces gens-là font ce qu'ils veulent, et ils ne nous épargnent pas la mystification de nous consulter. Il y a de quoi se pendre à une espagnolette.

— Envoyez-les à tous les diables ! N'êtes-vous pas le maître, après tout ?

— Oui, le maître, mon cher, mais à la condition de ne jamais commander trop haut. Peste ! comme vous y allez !

Il fallut donc essuyer le passage des directeurs et des chefs de division : enfin ils partirent, et je respirai. Je crus que mon ami allait m'appartenir et que je pourrais causer tranquillement de mon affaire, quand on annonça un député du centre gauche. A ce nom, le ministre se leva pour aller recevoir avec empressement le nouveau visiteur.

— Ah çà! et moi? lui dis-je.

— Vous, mon cher, vous êtes un intime; mais celui-ci est un député sur la limite, un vote chancelant. On se doit tout entier à cette nuance : c'est l'appoint du cabinet. Attendez-moi seulement un quart d'heure; je vais voir ce qu'il veut.

Et de nouveau je restai seul à réfléchir. Vraiment, plus je voyais de près l'officine ministérielle, moins le poste me semblait désirable. Il en est des grandeurs comme des paillettes et oripeaux du théâtre : il ne faut pas les regarder à la clarté du jour; cela paraît mesquin et misérable. Depuis cinq heures environ, mon ami le ministre n'avait pu, malgré toute sa bonne volonté, m'accorder un moment d'intimité. Faut-il le dire? la mauvaise humeur me gagna; évidemment on abusait de ma bonhomie. Les solliciteurs, les directeurs, les chefs de division, les signatures, le député du centre gauche, tout avait eu le pas sur moi; les importuns et les importants passaient avant l'ami. J'étais un homme trop sûr pour qu'on songeât à me ménager.

Cette pensée m'exaspéra : je me doutais bien qu'en politique, comme ailleurs, la meilleure tactique est de se faire craindre; mais ne fait pas qui veut un pareil calcul. Cependant, quand mon ami le ministre rentra, j'avais du levain sur le cœur et une pointe de révolte dans la tête. Il dut s'en apercevoir, car il vint vers moi, animé de son plus aimable sourire :

— Mille excuses, mon cher; maintenant je suis tout à vous.

Cette affabilité me désarma; je rendis effusion pour effusion, bonne grâce pour bonne grâce; après quoi je crus qu'il était temps d'en venir à l'objet intéressé de ma visite :

— Voici ce que c'est, mon ami, lui dis-je. Il s'agit...

A ce moment la porte s'ouvrit, et un aide de camp entra en grande tenue.

— Monsieur le ministre, dit-il, le roi désire que vous passiez au château pour conférer sur un objet important.

— Monsieur, cela suffit; je vais me rendre aux ordres de Sa Majesté.

L'aide de camp sortit et j'avais en perspective un nouveau délai. Cette fois, je n'y tins plus.

— Ah çà! dis-je à mon puissant ami, ceci ressemble beaucoup à une mystification. Comment dois-je le prendre?

— Ne m'en parlez pas, mon cher, je n'y tiens plus. Il est des moments où j'enverrais le poste à tous les diables. Les esclaves sont plus libres que nous : le nègre n'a qu'un maître, et nous en avons mille.

— Cela n'empêche pas, mon bon ami, que vous ne me promeniez depuis six heures consécutives. J'en ai assez, voyez-vous, je me révolte.

— Mon cher, me dit le ministre d'une voix attendrie, ne m'en veuillez pas; vous ignorez les déboires de notre existence. Chaque jour nous traînons cette chaîne et nous portons cette croix. On fait ici ce que l'on ne veut pas faire ; ce qu'on voudrait faire, on ne le peut pas. Comme tous les hommes d'une ambition naïve, vous avez quelquefois jeté des yeux de convoitise sur un portefeuille ; vous vous êtes dit : — Dieu ! si j'arrivais là, quel bien je ferais ! Mon pauvre Paturot, que le ciel détourne de vous ce calice ! On a quatre-vingt mille francs par an et dix mille francs d'installation ; mais que de coups d'épingle il faut supporter ! Ah ! vous croyez qu'un ministre est un petit souverain qui dispose comme il le veut de son temps et de ses faveurs. Eh bien ! mon ami, écoutez-moi.

XXV.

CONFESSION D'UN MINISTRE.

Vous savez, continua l'excellence, que je n'ai pas désiré ce poste éminent : j'étais né pour une vie modeste, mes goûts n'allaient pas au delà. Cependant, comme un autre, j'avais des illusions. Quand j'envisageais le rôle d'un ministre, je l'entourais de quelque grandeur, j'y attachais une certaine puissance. Aussi fus-je flatté, je l'avoue, lorsqu'on m'imposa un portefeuille. Le sentiment de mon insuffisance survivait encore en moi ; mais déjà les fumées de l'orgueil affaiblissaient cette défiance salutaire. Du reste, cette illusion dura peu.

Il est trois motifs secrets qui peuvent faire rechercher le pouvoir : ce sont les profits du rôle, l'exercice de la puissance, l'éclat et les joies de la grandeur. Sur ces trois points, un désappointement complet attend le malheureux titulaire.

Parlons d'abord du profit. Je sais qu'il est des ministres qui spéculent sur leur traitement et visent à l'épargne. C'est le moindre nombre et ils sont notés. Leurs petites économies sont l'objet des risées de leurs collègues; l'entourage en plaisante, les députés le remarquent, et une certaine déconsidération personnelle est la suite de cette chasse aux centimes. Les vrais ministres, ceux qui portent honorablement ce nom, dépensent au delà de leur traitement. La vie de l'hôtel ministériel est montée sur un pied qui se transmet d'un titulaire à un autre. On peut y ajouter, mais il est difficile d'en rien retrancher. Le service est couteux, la table est chère : deux dîners par semaine, des réceptions, des charges sans fin, pèsent sur cette existence. L'hôtel est envahi de demandes d'artistes mendiants. Il n'est pas un concert, pas un bal par souscription, qui n'envoie des billets, pas de virtuose nomade qui, directement ou indirectement, ne vienne tendre la main. Bref, quand on veut faire les choses avec dignité et avec grandeur, fermer les yeux sur bien des petits pillages, on ajoute chaque année cinquante mille francs de son revenu aux quatre-vingt mille francs que donne l'État. Voilà les profits du ministre.

— Vous ne dites rien du télégraphe et des objets d'art, dis-je à mon ami le ministre.

— Point de médisances de petit journal, mon cher, vous parlez à un honnête homme. Je ne sais pas ce qu'on fait ailleurs, mais ici il n'y a rien qui ne soit loyal. Voilà donc pour le profit. Maintenant, voyons ce que c'est que la puissance. Vous ne croiriez pas, mon ami, que j'ai dans mes bureaux deux hommes qui sont plus souverains que moi, et qui me le font sentir à toute heure, à tout instant. Concevez-vous un supplice plus intolérable que celui-là? Être le chef et ne l'être pas, avoir une opinion sur une mesure, et se voir contraint d'accepter celle de subalternes; garder à ses côtés des hommes dont, en apparence, on est le supérieur, et qui, en réalité, sont vos maîtres; vivre avec ces surveillants, avec ces espions, avec ces moniteurs, et ne pouvoir s'en défaire, les jeter à la porte; est-il rien au monde de plus humiliant, de plus lourd, de plus triste? C'est pourtant ma vie!

— Et quels sont ces hommes? lui dis-je.

— Deux directeurs de mon ministère qui sont députés. Cette qualité, mon cher, les dispense de tout : ils peuvent ne rien comprendre à la besogne administrative, donner cent fois par jour la preuve d'une médiocrité déplorable, d'une négligence avérée. Ils sont députés, et dès lors affranchis du respect hiérarchique; le ministre n'est plus qu'un petit garçon qu'ils mènent à leur guise. Les bureaux relèvent directement d'eux; ils ont le pouvoir et n'ont pas la responsabilité. Quel cauchemar, mon cher, quel cauchemar!

— Je le comprends, répliquai-je; on aime à être maître chez soi!

— Oh! le pouvoir, le pouvoir, Paturot, c'est la servitude! Vous connaissez la situation de l'âne de Buridan. Eh bien! entre le château et les Chambres, un ministre joue le même rôle : il a peur que ce qu'il fait en vue de l'un ne déplaise aux autres, et réciproquement. On a les mains liées sur tout, on ne peut faire un pas sans rencontrer une embûche. Le pouvoir, mon cher! Un ministre a celui de ne rien faire; c'est le seul qui ne lui soit pas contesté. Encore l'empêche-t-on d'agir et lui fait-on des reproches quand il n'agit pas! Voilà ce que c'est que l'exercice de la puissance pour un ministre! Vous voyez qu'il n'y a pas de quoi s'enorgueillir.

— Mais si pourtant on osait marcher? lui dis-je.

— On serait brisé comme verre, mon pauvre ami. Quelques-uns ont voulu l'essayer; ils ont péri à la peine. Non, la France du dix-neuvième siècle n'a pas encore vu un véritable ministre, quelque chose de semblable à Colbert et à Turgot, c'est-à-dire à des hommes qui apportaient au pouvoir une idée féconde, et employaient leur génie à la réaliser. Nous n'avons pas ce qu'ont eu les monarchies absolues, de grands politiques comme Richelieu, même comme Dubois, gouvernant l'Etat ou par la force ou par la ruse, et maîtres d'agir dans toute l'étendue de leurs desseins. On est ministre aujourd'hui, mais il n'est pas permis d'en être fier. Un ministre, c'est à peine un chef de division et c'est moins qu'un député. Voilà la part de la puissance.

— Il est certain que c'est peu engageant. Et pourquoi alors y a-t-il tant de prétendants aux portefeuilles?

— Que voulez-vous? la vanité humaine. Le mot plaît encore, et l'on se fait illusion sur la chose. On s'imagine toujours que le moment propice est arrivé. On a des idées sur l'équilibre de l'Europe, sur l'Orient, sur l'Espagne; on rêve des alliances commerciales, des colonisations, des conquêtes pacifiques; on nourrit des plans de réforme intérieure, on a les mains pleines de magnifiques projets. Voilà ce qui soutient jusqu'à ce que la bulle de savon crève encore. Et puis, faut-il le dire? la jalousie s'en mêle. On veut le pouvoir, parce qu'un autre en est nanti; ce sont tantôt de vieux comptes à régler, tantôt des rancunes récentes. Le poste n'a rien en lui-même qui doive tenter; mais la fortune d'un antagoniste est un spectacle intolérable. Il faut s'en délivrer, dût-on reprendre soi-même le collier de misère.

— Singulier bonheur!

— Le bonheur ministériel est tout dans le même goût. Nos salons sont les cercles des députés, quelquefois leurs tables d'hôtes; un de ces jours ils y allumeront leurs cigares. Il faut voir l'importance qu'affectent ces puissances de clocher, ces aigles de province qui promènent leurs bottes sales sur nos tapis et donnent à nos dames le spectacle de leurs ongles négligés. On dirait que nous autres, pauvres hères, malheureux ministres, nous ne vivons que sous leur bon plaisir, et qu'il leur suffirait d'un souffle pour nous renverser. Heureux quand ils n'en font pas la menace!

— Et pourquoi souffrez-vous ces impertinences?

— Pourquoi, mon cher? parce qu'ils sont de la majorité, parce qu'ils votent pour nous, parce qu'il nous les faut. Ils sentent bien leurs avantages, les malheureux!

— Mais si vous faisiez quelques exemples!

— Impossible, les voix se partagent trop juste. On

ne peut pas perdre une boule sans s'exposer. Et puis les collègues s'en mêleraient : — Quoi ! vous mécontentez un tel, diraient-ils, un homme dévoué ! — Il demande l'impossible. — Qu'importe ! arrangez cela ; il passerait à l'opposition. — Voilà comment la Chambre conduit le ministère, et non le ministère la Chambre. Vous croyez peut-être que c'est le talent qui fait l'importance du député ; illusion ! Par suite de l'équilibre des partis, il faut que le pouvoir compte avec tout le monde, et les plus incapables ici-bas sont toujours les plus exigeants. Voilà notre bonheur, mon cher, voilà notre gloire. Nous sommes les humbles commis du plus médiocre des parlementaires.

— Et cependant on s'arrache le pouvoir ! Quand on y est, on s'y défend avec chaleur ; quand on n'y est pas, on y aspire avec frénésie !

— C'est vrai ! le pouvoir a son ivresse : on n'est pas plus grand alors, mais on le paraît. C'est là ce qui nous vaut cette guerre d'embûches. Nous semblons solidement assis, n'est-ce pas ? c'est juste le moment que l'on choisit pour miner le terrain sous nos pieds. Il importe de veiller sur tous les points : du côté du château, du côté de la Chambre. Un ancien ministre se montre-t-il assidu aux Tuileries ! est-il reçu intimement à Neuilly ou à Saint-Cloud ? vite il faut se défendre contre les révolutions de palais, redoubler de zèle, se consolider à force de dévouement ! Se trame-t-il à la Chambre quelque projet souterrain, quelque complot d'ambitieux mécontents et d'hommes d'État en disponibilité ? à l'instant il convient de se mettre en garde. Vous avez assisté à ces tournois, Paturot, vous savez tout ce qu'ils exigent de soins et de préparations !

— A qui le dites-vous ! On m'a offert le poste de sous-secrétaire d'État : il est vrai que je cours encore après.

— Je le sais, mon ami ; le conseil s'en occupe : il n'y a que la question de l'Amérique du sud qui ait pu l'en détourner.

— Ah ! la difficulté est en Amérique, à présent ; elle fera le tour du monde.

— Eh bien ! oui, c'est cela ; il faut promettre, mon cher, pour conjurer les défections et souvent ne pas tenir. Voilà ce qui nous perd. La manne du budget a beau être abondante, il n'y en a pas pour toutes les bouches. Et puis nous avons affaire à des appétits insatiables. A chaque crise il faut donner : Dieu sait ce qu'une crise coûte à la France. Tout parlementaire a sa requête prête. Il demande l'absurde et l'impossible ; n'importe, la crise est là, il faut céder. De toutes parts on nous met le marché en main ; c'est à se voiler la figure.

— Il est certain qu'on ne peut pas faire tout le monde sous-secrétaire d'État : je conviens de cela.

— Vous y mettez de la grandeur, Paturot ; d'autres sont moins raisonnables ; ils ne donnent que quand ils tiennent.

— C'est ce qui s'appelle traiter au comptant.

— Vient ensuite le jour du débat. La question est grave, il faut l'étudier. Des orateurs habiles prendront part à la lutte : quand il s'agit de renverser un cabinet et de partager ses dépouilles, les grands parlementaires donnent. Jugez pendant ce temps, mon cher, de la position d'un ministre! c'est un accusé sur la sellette, rien de plus : il reçoit l'attaque à bout portant, et ne peut pas différer la réplique. On s'est préparé pour l'accabler; il faut qu'il improvise sa défense. Monter à la tribune ainsi, c'est jouer le succès sur un coup de dé. La parole a de bons et de mauvais jours; elle frappe juste ou elle se fourvoie. La veine est-elle favorable, les collègues sont jaloux de l'effet produit : est-elle ingrate, ils vous accusent d'avoir gâté la partie, de les avoir perdus. On n'a que le choix des déboires, mon cher.

— Allons, vous exagérez.

— Non, Paturot, le monde où nous vivons est plein de petitesse. Dans le même cabinet, on se dénigre, on s'espionne, on se dispute les attributions. L'un de nous a-t-il obtenu du roi un sourire plus flatteur, une expression plus bienveillante que de coutume? on se demande ce que signifie ce redoublement de faveur. Suit-il la cour dans ses voyages en Normandie? on se pique de cette préférence, on en prend de la jalousie! L'importance devant la Chambre, l'autorité dans les débats du conseil, tout devient l'objet de petits piéges, de haines sourdes, de représailles sans fin! Quand on a été froissé dans une question, on prend sa revanche à propos d'une autre; on refuse parce qu'on a été refusé. Telle est la vie de cabinet. Quelquefois cela va plus loin encore. Un premier ministre n'a pas des collègues; il a des commis. Toutes les affaires importantes, il les évoque, les accapare, les décide sans les ministres spéciaux, quelquefois contre les ministres spéciaux. On voudrait se révolter; on ne le peut pas : la vie du cabinet dépend de la parole, du talent, de l'influence de ce chef de file; et quand on est au ministère, mon ami, on souffre, on souffre beaucoup, mais on y tient.

— Je conçois cela! L'amour-propre; Dieu! l'amour-propre!

— Il est mis à une rude épreuve, Paturot. Et la presse, que vous ne comptez pas! C'est l'angoisse de toutes nos matinées. Je mets à part les ennemis politiques. Ceux-là ne sont pas payés pour nous flatter, et il est naturel qu'ils ne nous ménagent pas. Les grands journaux nous prennent donc par nos écarts; les petits journaux, par nos ridicules, et nous sommes, de cette façon, cloués à deux croix, et passés à deux rangs de verges. Cela sera ainsi tant qu'il y aura une presse au monde.

— A qui le dites-vous? Les folliculaires sont l'origine de tous nos malheurs.

— Donc, que nos adversaires nous attaquent, c'est dans l'ordre. Quand on accepte les honneurs d'un portefeuille, il faut savoir en supporter les charges. Mais ce qui est intolérable, mon ami, ce sont les journalistes qui nous soutiennent. Voilà notre vrai cauchemar. Nous les nourrissons, les ingrats, et ils mordent la main qui leur tend la pâture. Ils émargent et ils blâment; ils sont à nos gages, et ils s'avisent de nous juger. Le cœur humain est un grand problème; on sait ce que valent ces éloges, puisqu'on les paye; et pourtant on s'en montre avide. Si nos hommes de plume en donnent plus à celui-ci qu'à celui-là, bon, voilà encore que les jalousies s'allument. Ainsi, frappés par nos ennemis, tracassés par nos amis, tel est notre lot.

— Ah çà! vous êtes donc malheureux comme les pierres! J'abdiquerais à votre place, mon cher.

— Eh bien! non, vous dis-je, Paturot, on y tient : on y tient peut-être à cause des douleurs qu'on y éprouve; on y tient comme la mère tient à l'enfant venu au milieu des souffrances qu'elle endure.

— Bah! bah! repris-je d'une manière assez dégagée, vous avez des compensations, la clef du trésor, la haute main sur les places et les faveurs. On sait cela, mes gaillards.

— Paturot, mon ami, vous parlez, je vous le répète, comme un petit journal. Croyez bien qu'on a beaucoup calomnié les ministres. Ceux qui voudraient pratiquer systématiquement la concussion ne le pourraient pas; et il en est peu qui songent à tirer un parti honteux de leur passage au pouvoir. Qu'ils aient placé quelques amis, quelques créatures, des électeurs influents, je le veux bien; le reste est de la calomnie pure. On a fait, il y a quelques années, du népotisme en grand; aujourd'hui on ne l'oserait plus. Croyez-le bien, Paturot, l'argent est la moindre passion de l'homme d'État : il n'y a que de pauvres ministres qui pratiquent la corruption sur eux-mêmes! Sur les autres, je ne dis pas; on ne gouverne qu'ainsi.

L'entretien se termina par ces doléances, et mon ami le ministre me quitta pour se rendre au château. Je compris que je n'avais rien à attendre d'un cabinet peu viable; je contins mon ambition et me résignai. En effet, au bout de quelques semaines, un vote de la Chambre le précipitait des sommets du pouvoir. J'allai voir mon ami pour le féliciter de sa délivrance. Quel bonheur pour lui ! sa chaîne était rompue.

Je le trouvai dans la consternation. Malgré sa théorie du désintéressement, il regrettait sans doute de n'avoir pu s'abriter, au moment de sa chute, dans quelque direction de la Monnaie ou quelque gouvernement de la Banque de France. Tout était pris, même la présidence de la Cour des comptes, et les ministres d'État n'étaient point encore imaginés.

XXVI.

UN BILAN. — LES RESSOURCES DE L'ESCOMPTE.

J'avais souillé ma robe d'innocence en votant un jour contre le ministère, cette tache ne s'effaça plus. Dès ce moment, je devins suspect à la majorité, qui seule élève les bonnetiers et fait une position aux marchands d'horloges. Quand on trempe à la Chambre dans l'esprit de révolte, il faut être soutenu par la conscience de sa force, et avoir en soi le germe d'un autre mérite que celui de la fidélité. Tout homme médiocre qui se sépare de cette phalange compacte joue un rôle de dupe : il cesse d'être du côté du nombre, et ne parviendra jamais à se classer du côté du talent. C'était désormais mon lot. En un jour d'erreur, j'avais vu s'écrouler les avantages d'une position tranquille et sûre. Adieu les bénéfices et les honneurs, adieu l'influence dans les bureaux, adieu les faveurs administratives! Avec ma candeur robuste, il m'était difficile d'imiter ceux de mes collègues qui avaient un pied dans chaque camp, et qui, en dînant du ministère, se ménageaient la ressource de souper de l'opposition. C'était un tour d'équilibre trop périlleux pour ma pauvre tête, et une puissance d'appétit qui répugnait à ma constitution.

De graves soucis venaient d'ailleurs de fondre sur moi, et ne me laissaient plus la liberté d'esprit nécessaire pour tirer un parti direct et personnel de ma situation parlementaire.

Au moment où Malvina avait quitté la gestion de notre commerce de détail pour le confier au premier employé de la maison, la balance de mes livres présentait un actif net de 1,150 mille francs en marchandises, argent, valeurs de portefeuille, rentes sur l'État ou immeubles. C'était, au denier vingt, 55 mille francs de revenu. Outre cet intérêt, il fallait compter les bénéfices de la vente, qui ne pouvaient s'évaluer à moins de 60 mille francs nets par an. Sans le moindre effort, et en ménageant la clientèle, cet état florissant devait se maintenir, même s'accroître. C'étaient donc 115 mille francs dont je pouvais disposer chaque année sans entamer ma fortune. Toutes mes dépenses, toutes mes libéralités, furent fondées sur l'impression que m'avait laissée cet inventaire : il me semblait que l'excès m'était permis, et que j'avais sous la main un réservoir inépuisable.

J'ignorais alors ce que peut l'œil du maître dans un commerce, ce que sa présence y ajoute, ce que son absence en retranche. Mes calculs étaient basés sur le maintien d'une prospérité que la vigilance de

Malvina avait développée et que son intelligence fécondait. Le jour où elle se retira, mon magasin n'eut plus d'âme. Les commis continuèrent la besogne, mais machinalement, froidement; le premier employé, intéressé dans les bénéfices, y apportait plus d'ardeur, mais ce n'était pas cette activité infatigable, cette grâce avenante, qui avaient valu à ma femme la plus riche et la plus belle clientèle de Paris. En apparence, la maison de détail était la même, cependant le feu sacré y manquait, le génie de l'invention, le don de l'entraînement s'en étaient retirés. Quand Malvina entreprenait un acheteur, elle lui vidait immanquablement les poches. Sans elle, rien de pareil; si l'on ne refusait pas les affaires, du moins on ne les créait pas. Avec Malvina, il était rare que l'on eût ce que l'on nomme, dans le commerce, des *rossignols*, des articles vieillis. Elle savait saisir au passage, attirer et captiver les honnêtes figures, les braves campagnards qui s'accommodent facilement de tout, prononçait le mot magique de rabais, et soldait ses rebuts en faisant des heureux. C'était là un véritable talent d'artiste : il disparut de mon magasin quand la fée de la vente l'eut quitté. Le défaut de surveillance y ajouta d'autres dommages, des non-valeurs, des oublis, des crédits véreux, des erreurs d'écritures, même des soustractions d'articles. Ce concours de circonstances influa gravement sur l'ensemble de nos affaires : dès la première année, les bénéfices du détail diminuèrent d'un tiers et ne firent plus que décroître.

Dans le tourbillon qui nous emportait, ma femme et moi, la conscience de notre position nous échap-

pait complétement. Malvina avait quitté le magasin
avec regret : pour en étouffer le souvenir, elle avait
exigé qu'on ne lui en parlât plus. J'étais donc seul
chargé de cette responsabilité, et je m'en remettais
d'une manière aveugle à notre fondé de pouvoirs.
C'était un garçon honnête, mais timide et faible.
Chargé d'un portefeuille considérable et d'un manie-
ment de fonds important, il n'opérait ni avec assez
de prudence, ni avec assez de sagacité. Plusieurs des
valeurs qu'il prit à l'escompte périrent entre ses
mains ; il ne savait pas choisir entre les signatures,
et l'appât d'un agio plus élevé lui fit souvent accueillir des noms d'une solvabilité douteuse. Il me compromit ainsi dans plusieurs faillites pour des sommes
assez majeures, et parvint à me déguiser ces pertes par
quelques fictions dans les écritures. Des créances notoirement et définitivement mauvaises figurèrent longtemps sur les livres à l'état de rentrées probables et à titre de valeurs sérieuses. Il s'établit ainsi, dès l'origine
de sa gestion, une sorte de malentendu qui, jusqu'au
dernier moment, ne me permit pas d'entrevoir toute
la profondeur des plaies commerciales et financières.

De mon côté, je travaillais de mon mieux à empirer cette situation. On a pu voir, dans le cours de ce
récit, combien, en matière de spéculations, j'avais la
main heureuse. Mon château électoral de Valombreuse, à la suite de réparations et d'agrandissements, me coûtait près de trois cent mille francs.
Géré par mon ami le notaire, il me rapportait net
quatre mille cinq cents francs, un et demi pour cent ;
encore me faisait-on entrevoir le moment où il faudrait sacrifier trois années de revenu pour l'amélio-

ration des terres. Mon second placement était la maison gothique. Coût : six cent mille francs environ. L'architecte avait disposé les bâtiments et combiné les distributions intérieures d'une manière tellement moyen âge, que tous les locataires demandaient des changements ruineux, des réparations sans fin. En forçant mes prétentions, c'est à peine si je pouvais espérer, pour toute la maison, un loyer de huit mille francs. Il est vrai qu'il me restait pour mon usage le premier étage et le magasin. Il est vrai également que j'avais en plus la jouissance des clochetons et des ogives, toutes choses inappréciables, au dire de l'architecte chevelu. Somme toute, cela pouvait être considéré comme un placement à raison de deux pour cent.

Qu'on me passe ce triste inventaire ! Si je ne le faisais pas avec quelque soin, on aurait peine à comprendre comment plus de onze cent mille francs se sont fondus entre mes mains. Sans doute d'autres exemples sont venus témoigner ce qui attend les hommes qui aiment mieux gouverner l'État que leurs propres affaires ; mais une leçon de plus en ce genre vaut la peine qu'on l'écoute. J'avais donc neuf cent mille francs en valeurs immobilières, plus deux cent mille francs de créances sur les mérinos de l'Ukraine ; total, onze cent mille francs. C'était, à une fraction près, le capital qu'avait laissé Malvina à sa sortie du commerce. Ainsi, peu à peu, tout l'argent avait disparu de ma caisse pour aller s'amortir dans des acquisitions peu productives ou des créances équivoques. Cette modification profonde dans mon état financier ne tarda pas à réagir sur l'ensemble de mes relations commerciales : au lieu de faire crédit aux autres, moi-même j'eus recours au crédit. La maison ne paya plus au comptant, et dès lors fut moins bien servie. On commença à la surveiller, et, sans se refuser à des affaires, à les limiter. Les prix, les escomptes s'aggravèrent de tout ce que la gêne des payements apportait de défiance et de réserve dans ces rapports. Dès lors les conditions d'existence de la maison furent changées ; l'assortiment cessa d'être ce qu'il avait été ; la clientèle se dispersa peu à peu, l'achalandage disparut ; au lieu de bénéfices, la vente au détail donna des pertes.

Pour me déguiser cette position, mon fondé de pouvoirs avait usé de tous les stratagèmes imaginables : il avait épuisé les ressources de la circulation, des prêts sur nantissement, des crédits ouverts chez les banquiers, des valeurs de complaisance ; il avait donné des signatures afin d'en obtenir, et s'était livré sur une grande échelle à cette fabrication de papier timbré qui conduit si vite un établissement à sa ruine. Un coup terrible put seul l'arrêter sur cette pente : une faillite le frappa pour trois cent mille francs dont il répondait comme premier endosseur. Il fallait rembourser les protêts ou faire mauvaise figure. Impossible de trouver cette somme sur un simple billet ; un emprunt hypothécaire devenait de rigueur. Ce fut alors seulement que cet homme se résigna à cette horrible confidence.

Il m'en souvient encore : nous étions en fête, entourés d'artistes dont Oscar continuait à remplir la maison. Jamais Malvina n'avait été si heureuse et si gaie. Un domestique m'avertit qu'on me demande dans mon cabinet ; je veux renvoyer l'importun, il insiste; enfin je m'y rends. Là je trouve notre employé qui se précipite à mes genoux. Troublé malgré moi, je le relève, et il me raconte, les larmes aux yeux, quelle perte la maison vient de faire, et de quelle urgence il est d'aviser aux remboursements. Cette révélation fut pour moi un coup de foudre; rien ne m'y avait préparé. Les écritures s'étaient jusque-là soldées par un actif assez considérable. A l'aide de quels déguisements? je l'ignorais. Cependant je voulus savoir à quoi m'en tenir sur ma position.

— Descendons au magasin, monsieur, dis-je à mon employé, et apportez-moi tous vos livres.

Nous commençâmes ce douloureux dépouillement pendant que mon salon retentissait de rires et de cris de joie. On dansait un galop sur nos têtes, et moi, la fièvre dans les veines et l'amertume dans le cœur, je poursuivais, dans une interminable addition, la preuve de ma ruine. L'employé me fit des aveux complets : nous retranchâmes des écritures toutes les valeurs fictives pour obtenir une situation exacte; nous fîmes rapidement l'inventaire du magasin. Il était trois heures du matin quand ce travail fut achevé; le bal venait de finir et le souper avait commencé. Je tenais mon chiffre à peu de chose près : la maison était de huit cent cinquante mille francs en-dessous de ses affaires; il fallait trouver trois cent mille francs le lendemain. Ce fut dans ce moment que Malvina, inquiète de ne pas me voir, m'envoya chercher pour faire les honneurs du repas. Qu'on juge de la disposition que j'apportais à cette fête!

— Qu'as-tu, Jérôme? me dit ma femme en observant mes traits bouleversés.

— J'ai, Malvina, que nous sommes ruinés. Renvoie ton monde le plus tôt possible.

— Tu veux rire, Jérôme?

— Non, Malvina, c'est très-sérieux. Quand nous serons seuls, je t'expliquerai cela.

Le souper fut triste et court : on nous laissa. Je racontai tout à ma femme. C'est une justice à lui rendre : je la retrouvai ce qu'elle avait été dans les diverses crises de ma vie, dévouée et résignée, honnête et loyale par-dessus tout.

— Jérôme, me dit-elle, la maison a signé, il faut que la maison paye. L'oncle Paturot t'a laissé un nom sans tache : gardons au moins cette richesse à nos enfants. J'ai des diamants, nous les vendrons; des cachemires, nous les vendrons.

— Nous n'en sommes point là encore, ma chère.

— Nous vendrons tout, s'il le faut, mais la maison payera ; elle payera capital et intérêts. Ton oncle le disait, Jérôme : les Paturot n'ont jamais demandé de grâce à personne. Que diable! il y a de l'argenterie dans la maison, et le Mont-de-Piété n'a pas été inventé pour les habitants de la lune.

— Encore une fois, Malvina, tu vas trop loin. C'est une liquidation à faire : nous nous en tirerons.

— C'est ça, et je me remets à la vente. Tu donneras son congé à Oscar; c'est un drôle.

— Comment donc?

— Je ne te dis que ça, c'est un drôle. Tu lui signifieras son congé : il ira peindre ailleurs.

— Mais encore...

— Pas de mais! Je retourne à la filoselle dès demain : la maison a signé, il faut que la maison paye : je ne sors pas de là.

Ce qui rendait la situation très-grave, c'est qu'il fallait trouver trois cent mille francs le jour suivant. Je me rendis chez un banquier célèbre, pensant qu'en lui exposant ma situation avec franchise et lui offrant toutes les garanties désirables, il s'empresserait de venir à notre secours. En effet, à peine lui eus-je fait la première ouverture qu'il mit sa caisse à mon service et me renvoya à l'un de ses associés. C'est le jeu ordinaire : le banquier a les honneurs du procédé, et laisse à son factotum le chapitre délicat des conditions et explications. L'associé était un petit homme maigre et grêle, au-dessus de ses lunettes bleues un regard fixe, glacé, presque insolent.

— Il faudrait à monsieur trois cent mille francs pour aujourd'hui ; c'est une forte somme, et monsieur nous prend à l'improviste.

Les paroles de cet homme me pénétraient comme une lame de poignard. Quand on ne l'a pas éprouvé au moins une fois, on ne saurait se faire une idée de tout ce qu'il y a de dédain, de froideur calculée, de morgue et de défiance dans les habitudes d'un homme qui dispose d'une caisse considérable. Tous les usuriers se ressemblent. Je crus aller au-devant des instincts de cet homme en lui répondant :

— Monsieur, je n'ignore pas que c'est un service que je demande ; et, comme je m'y prends un peu tard, je suis prêt à souscrire aux conditions d'escompte et d'intérêt que vous me ferez.

— Qu'entendez-vous par là, monsieur ? répliqua le

petit homme en se levant sur la pointe des pieds et redressant vivement ses lunettes.

— Mais, monsieur...

— En fait d'intérêt, monsieur, la maison n'en a qu'un. Ou elle prête à ce taux-là, ou elle ne prête pas. C'est cinq pour cent par an pour tout le monde.

— Excusez-moi, monsieur, j'ignorais les usages de la maison : ils sont pleins de discrétion.

— Oui, monsieur, cinq pour cent d'intérêt ; jamais plus. On ne va pas ici jusqu'au taux légal : c'est une manière d'honorer les personnes avec lesquelles on travaille.

— Vraiment je suis confus.

— On va vous faire votre bordereau, monsieur. Quant à la commission, elle est de demi pour cent par mois : c'est encore l'usage de la maison.

— Ah! il y a une commission!

— Mais, sans doute : où sont vos valeurs?

Les valeurs que je tirai de mon portefeuille consistaient en mes simples engagements, échelonnés à diverses échéances : je n'avais rien de mieux à offrir. A cette vue, le petit homme recula de deux pas en arrière en jetant les billets sur son bureau :

— Qu'est-ce donc que ça? me dit-il.

— Mais, monsieur, ce sont les valeurs que vous m'avez demandées. Le libellé vous en paraît-il défectueux?

— Du papier à une signature! pour qui nous prenez-vous, monsieur? C'est bon pour des maisons de troisième ordre. Nous serions bien venus d'envoyer cela à la Banque!

J'eus beau insister : l'inflexible escompteur ne

voulut pas en démordre; il fallut entamer la négociation d'une autre manière. Outre les valeurs, j'offris une garantie hypothécaire sur mes deux immeubles, le château seigneurial et la maison gothique. Le cerbère résistait encore, lorsque le banquier intervint en personne : l'affaire put s'arranger. Je fis un emprunt sur mes billets, renouvelables tous les trois mois, et passibles chaque fois d'une deuxième commission de renouvellement. On passa en outre un acte hypothécaire, dans lequel le notaire intervint avec son rôle de frais, et l'enregistrement avec son cortége de droits. J'obtins ainsi dans la journée mes trois cent mille francs; mais voici dans quelles conditions et sous quel décompte :

Intérêt à *raison* de.	5 0[0 l'an.
Commission à demi pour cent par mois. . . .	6
Commission de renouvellement tous les trois mois.	4
Acte notarié et enregistrement.	2
Honoraires et commission du notaire.	2
	19 0[0 l'an.

Si l'honneur était sauf, la fortune recevait chaque jour une atteinte plus rude. J'avais de l'argent, en apparence à cinq pour cent, en réalité à dix-neuf pour cent. Telle est l'inévitable pente où sont conduits tous ceux qui entrent dans la voie des expédients, et en sont réduits aux ressources désespérées.

Le lendemain, comme elle l'avait promis, Malvina était à son poste, mais les beaux jours de la bonneterie avaient fui pour ne plus revenir.

XXVII.

LE COUP DE GRACE. — LE JEU DE LA BOURSE.

Un embarras financier ressemble à une marche dans les sables mouvants ou sur un terrain de tourbières : les efforts que l'on fait pour s'en dégager ne servent qu'à empirer la situation et accélérer la catastrophe. Pour me tirer d'un mauvais pas, j'avais obtenu trois cent mille francs au prix de cinquante-sept mille francs d'agio ou de frais pour la première année. Pour parer au reste de mon découvert, il me fallut emprunter six cent mille autres francs dans les mêmes conditions, engager mes immeubles jusqu'à limite de leur valeur, aliéner tout ce que j'avais de clair et de disponible. Je parvins ainsi à éteindre mes engagements en circulation, à la charge néanmoins de contracter des engagements nouveaux, plus lourds et plus onéreux. Dans les affaires, on croit avoir tout gagné quand on a gagné du temps : c'est l'un des symptômes de cette maladie que de vivre d'illusions jusqu'au bout, et de se bercer de rêves d'avenir quand on a le pied dans la tombe. Je venais de me créer pour plus de cent mille francs d'obligations annuelles contre vingt-cinq mille francs de revenus immobiliers, et je me croyais sauvé. Ce vertige est commun : l'homme qui se noie se rattacherait à une tige d'herbe.

Notre seul espoir était dans la régénération du commerce de détail. Ma femme se montrait héroïque :

elle avait repris le harnais avec une ardeur et une énergie incomparables; elle ne quittait plus le magasin, y entrait la première, en sortait la dernière. Nous avions opéré notre déménagement, et par conséquent troublé les habitudes de la clientèle. Malvina chercha à y suppléer par des circulaires, par des offres de service à domicile. La devanture du magasin et les boiseries extérieures, où l'art chevelu s'épanouissait, parurent choquer quelques-uns des habitués de la maison. Malvina fit disparaître ce pastiche de mauvais goût et cet étalage de charlatanisme archéologique. Elle avait à un haut degré le sentiment de ce qui sied et de ce qui convient : ce sentiment, qu'un mauvais génie avait obscurci, reparaissait dans toute sa force. Quelquefois je la voyais se passer la main sur le front comme pour secouer un mauvais rêve; elle en était à comprendre comment elle avait pu s'abandonner au tourbillon qui nous avait emportés, dormir sur un abîme, et se réveiller avec la misère en perspective. Pour elle, la privation n'était rien; elle l'avait eue pour compagne dans son enfance et dans sa jeunesse; mais l'idée que ses enfants, riches et heureux hier, pouvaient demain manquer du nécessaire, la navrait et lui arrachait des larmes. Elle s'accusait et semblait chercher dans un travail forcé une diversion à sa douleur. Jamais la tendresse d'une mère ne se montra plus ingénieuse ni plus active.

Hélas! rien ne sauve les empires destinés à périr. Les grandeurs grecques et romaines se sont éclipsées au jour fixé par le sort; rien n'a pu reculer cette chute, ni les conseils de quelques philosophes, ni la vertu de quelques empereurs. L'étoile des Paturot était destinée à disparaître de l'horizon de la bonneterie ; le dévouement de ma femme ne pouvait pas arrêter ce déclin. Dans les heures d'agonie du commerce de détail, il y eut, grâce à elle, des lueurs inespérées, des retours de vitalité extraordinaires. Plus d'une fois le moribond parut s'animer sous cette main puissante et féconde en ressources ; mais les plaies d'argent reprenaient bientôt le dessus, et amenaient d'épouvantables rechutes. La maison Paturot appartenait à l'escompte corps et âme, à l'escompte, c'est-à-dire à l'usure plus ou moins déguisée. Or, l'escompte s'aggrave toujours des misères qu'il engendre, et se montre d'autant plus exigeant qu'il a plus obtenu : plus il a tiré de sang et de substance, plus il en demande ; il veut des garanties contre le mal qu'il a fait. C'est là son caractère et son titre : quand il est entré dans une maison, il n'en sort que le crêpe au chapeau, et après l'avoir clouée dans le cercueil.

Malgré mon imprévoyance, je pressentais ce résultat, et chaque jour l'espoir d'une liquidation heureuse s'affaiblissait en moi. J'étais à bout d'expédients ; je ne savais plus comment satisfaire la légion de vampires qui m'entourait. Personne d'ailleurs à qui se confier : Malvina était toute à sa besogne ; elle y éteignait son chagrin. Moi, je ne savais où aller ni que faire. Je bâtissais des plans de réformes et d'économies que je ne réalisais pas. Telle est la condition des industriels, que, même avec la conscience qu'ils courent à leur perte, ils ne peuvent pas se réduire ostensiblement. Toute mesure de ce genre équivaut à une déclaration de gêne, et l'on aime mieux être foudroyé que mourir à petit feu. Que de fois même, pour tromper les envieux, ne choisit-on pas l'heure d'un embarras intérieur pour se livrer à une augmentation de dépenses! Je ne fis pas ce calcul, mais je n'osai pas affronter l'épreuve d'une réforme décisive. J'étais en présence de l'ennemi; il fallait faire bonne contenance.

Pour obéir à madame Paturot, j'avais signifié à Oscar une espèce de congé; il avait repris son ancien atelier et ne nous avait pas suivis dans notre nouvelle demeure. Quoique nos relations ne fussent pas complétement rompues, il y avait du froid entre nous. Il venait de temps en temps au magasin, où Malvina recevait désormais ses visites. Je soupçonnais le peintre ordinaire de Sa Majesté de se tenir volontairement à l'écart d'amis qui marchaient à leur ruine. La maison était devenue plus triste, et ma caisse, hélas! moins secourable. Quoi qu'il en soit, je me prenais souvent à regretter cette demi-rupture. Faut-il le dire? Oscar me manquait. Rien ne fait plus de vide dans l'existence d'un homme que la disparition soudaine d'un visage qu'il a l'habitude de voir. On le cherche longtemps autour de soi : il semble que l'on a perdu quelque chose. Au milieu des inquiétudes qui venaient m'assaillir, il me semblait qu'un confident m'était devenu nécessaire, et qu'une douleur partagée est de moitié moins lourde. Je résistai quelque temps à cette idée; un jour enfin elle me vainquit. Sans rien dire à madame Paturot, je me rendis au nouvel atelier d'Oscar.

Il était en habit de travail et achevait un paysage

accompagné d'une fontaine de Jouvence. Dans la disposition où j'étais, je trouvai que les nymphes de cette peinture mythologique étaient moins vertes que de coutume; il y avait progrès. A peine Oscar m'eut-il aperçu qu'il accourut vers moi avec sa gaieté et sa familiarité ordinaires. Il alla au-devant de mes excuses, et détourna la conversation vers ce qui pouvait m'intéresser : on eût dit qu'il comprenait l'état de mon âme et s'y associait. Cette attention me toucha et m'entraîna dans une confidence complète. Quand j'eus achevé la triste histoire de mes embarras financiers, Oscar me regarda fixement pendant quelques minutes, et avec une gravité que je ne lui avais jamais vue :

— Jérôme, me dit-il, tu n'es qu'un enfant. Tu as encore un certain crédit commercial et tu es député, deux moyens infaillibles pour faire et défaire, dévorer et recommencer dix fortunes, et tu n'en uses pas !

— Je voudrais t'y voir, Oscar !

— Moi, Jérôme ! donne-moi seulement vingt-quatre heures de députation, et je vous fais tous rouler sur l'or, les diamants et les topazes ! Pauvre garçon, tu ne trouverais pas de l'eau dans la mer ! Un député dans l'embarras ! c'est fabuleux.

— Ce ne serait pas le premier, Oscar. Voyons, ne battons pas la campagne. Que puis-je espérer comme député ? une place : mets-la de dix, quinze, vingt mille francs, c'est énorme ; eh bien ! cela ne me sauverait pas.

— Une place ! enfant, une place ! laisse donc ces misères aux procureurs du roi. Jérôme, ajouta Oscar avec une certaine solennité, que ce que je vais te dire demeure entre nous. Tu le jures, n'est-ce pas ?

— Soit, je le jure.

— Connais-tu, Jérôme, un instrument ingénieux que le vulgaire désigne sous le nom de télégraphe ?

— Sans doute.

— Eh bien ! représentant du peuple, il y a des millions au bout des ficelles de ce mécanisme. Je ne te dis que ça ; j'en ai même trop dit. Le télégraphe pourrait me faire un procès en diffamation : c'est un drôle capable de tout.

— Mais encore, Oscar ?

— Jérôme, je veux rester étranger à la politique : je tiens à ma tête, vu que c'est la seule dont je puisse disposer. Seulement, je te le répète, mets-toi bien avec le télégraphe ; il y a de l'avantage à être dans son intimité.

— Comment cela, Oscar ?

— Ah ! comment ! Voilà que tu veux me compromettre ! Mon cher, j'ai une situation à ménager : le directeur des beaux-arts me promet deux cent soixante et quinze portraits de Sa Majesté pour autant de communes de France.

— Mon Dieu, tu peux compter sur ma discrétion.

— Eh bien ! Jérôme, écoute. Il existe, dans le 2ᵉ arrondissement de Paris, un monument grec que l'on nomme la Bourse. Le télégraphe et la Bourse, la Bourse et le télégraphe, combine ces deux mots-là, et tu m'en diras des nouvelles.

— Tu crois ?

— Chut ! Oui, je crois ; mais tiens-toi sur tes

gardes. Use du télégraphe si tu le peux, mais surveille-le : c'est un intrigant.

La perspective que me faisait entrevoir Oscar était nouvelle pour moi; elle me frappa. Le jeu de la Bourse, l'agiotage sur les fonds publics pouvaient en effet me conduire à un retour de fortune. Il suffisait pour cela de bien calculer les chances et de prévoir les résultats des événements. Comme député, je pouvais être instruit de beaucoup de choses et obtenir, dans la primeur, une foule de renseignements précieux. Je sortis de chez Oscar, possédé de cette idée ; la fièvre aléatoire s'était allumée en moi. Vaguement je savais déjà ce que sont les jeux de la Bourse, et comment les cent mille francs s'y multiplient, au gré de diverses fictions. Pour aborder les opérations les plus vastes, il me suffisait de déposer une certaine somme à titre de *couverture*. Cette somme devait répondre des *différences*, c'est-à-dire des pertes essuyées. Je me rendis donc chez un agent de change, l'un des plus actifs et des plus hardis de la compagnie. Son logement était celui d'un prince ; on ne pouvait rien voir de plus somptueux que son salon, de plus riche que son cabinet. Mon titre de député me valut le plus gracieux accueil ; il n'exigea que dix mille francs de couverture, et il fut convenu que nous commencerions les opérations le jour même. L'agent de change demanda comme faveur et offrit comme garantie de s'y intéresser pour moitié.

Je ne pouvais pas être, dans les jeux sur les fonds publics, un spéculateur ordinaire ; il m'était impossible, dans ma position, d'aller faire le pied de grue le matin sur le perron de Tortoni, de souffler dans mes doigts l'hiver, de gagner un coup de soleil l'été ; je ne pouvais pas davantage paraître dans la salle de la Bourse, suivre une opération au milieu des mille glapissements qui s'y font entendre, et devenir un habitué du lieu. Il y avait pour moi une certaine dignité, pour mon titre une certaine réserve à garder. A peine m'était-il loisible de suivre de loin les fluctuations du 5 et du 3, d'acheter ou de vendre à prime, d'arranger mes reports, enfin de diriger mes opérations à distance. Pour me rapprocher du centre de ce mouvement aléatoire, j'allais chaque matin déjeuner chez Tortoni, et, à l'heure de la Bourse, j'entrais dans l'un des cafés voisins du temple de l'agio. C'était ainsi que je parvenais à me mettre en communication plus fréquente avec mon agent de change, et à lui faire passer quelques renseignements.. Quant au reste, je me trouvais entièrement à sa merci.

Depuis que des nuages avaient assombri ma situation financière, je m'étais montré fort rarement à la Chambre, et j'y portais le sentiment d'un malaise indéfinissable. Quand il fut bien entré dans mon esprit que le seul moyen de sauver mon nom d'une tache, et ma famille du besoin, était de me lancer hardiment dans les spéculations de la Bourse, je surmontai mes faiblesses, je vainquis mes répugnances. Il me fut aisé de me replacer, au moyen d'une des mille crises qui modifient le gouvernement parlementaire, dans le giron de la majorité, et, pour y obtenir l'oubli du passé, je prodiguai les témoignages de zèle. Mes habitudes reçurent en outre une profonde modification. Moi, si indifférent à tout, si peu curieux, j'étais devenu le questionneur le plus résolu, le plus implacable de la Chambre ; j'étais à l'affût des nouvelles et j'en cherchais partout. Deux commissionnaires marchaient toujours sur mes pas, et aussitôt que j'avais recueilli quelque bruit, j'envoyais à mon agent de change, quelque part qu'il se trouvât, des bulletins écrits au crayon. Sous un prétexte ou sous un autre, j'étais tous les matins dans l'antichambre d'un ministre, afin d'avoir la primeur des nouvelles que portait le courrier ou que le télégraphe annonçait. J'étais parvenu à m'initier aux moindres particularités du travail de dépouillement ; je savais où arrivaient les notes confidentielles et quels bureaux les déchiffraient. Enfin, je connaissais à fond la manutention administrative, science compliquée et variable, qui exige une grande pratique.

Pendant les quatre premiers mois, nos opérations furent heureuses. Cinq ou six petites nouvelles que je transmis à propos me firent réaliser, pour ma part, cent dix mille francs de différences. L'agent de change était ravi d'avoir un associé aussi bien informé, et qui lui permettait de se diriger d'une manière à peu près sûre. Le succès l'enhardit ; il me proposa de doubler nos opérations. C'était m'offrir ce que j'allais lui demander. Une question très-grave agitait alors l'Europe : on parlait de bruits de guerre, de rupture prochaine. Les notes échangées entre les cabinets devenaient chaque jour plus menaçantes. Nous étions à la baisse, mon agent de change et moi, sans cependant y marcher avec une grande hardiesse. Il était de notoriété publique que le banquier qui règne sur les emprunts allait frapper un coup à la hausse, et la prudence conseillait de se tenir sur la défensive.

La rente nous donnait raison cependant; chaque jour elle fermait avec vingt et jusqu'à trente centimes de dépression. Mes bénéfices s'augmentaient à vue d'œil et je croyais que l'étoile des Paturot allait reprendre toute la splendeur d'autrefois.

Une circonstance particulière vint encore relever ma confiance et me faire croire à un bel avenir. Un matin, au plus fort des incertitudes de la politique, j'allai voir le ministre influent, celui qui conduisait alors les affaires. Il était dans sa chambre à coucher; mais j'avais pris des habitudes de familiarité qui m'en permettaient l'accès. Le ministre achevait de se raser de ses mains; il était ce jour-là d'une gaieté folle. Je m'assis près d'une petite table pendant qu'il terminait sa toilette. Un papier se trouvait là devant moi; machinalement j'y jetai les yeux. O hasard inespéré! c'était une dépêche télégraphique toute fraîche, à ce qu'il me parut. A cet aspect, le cœur me battit avec une violence telle que je crus qu'il allait se rompre; un nuage passa devant mes regards; de quelques minutes, il me fut impossible de rien déchiffrer. Enfin, le sang-froid me revint, et je parvins à lire la dépêche; elle était décisive: on avait tiré le canon. Le canon, c'était ma fortune. Après quelques mots de conversation banale, je pris congé du ministre, et me rendis à Tortoni. Mon agent de change s'y trouvait; je le pris à part; nous convînmes de nos faits; il fut décidé que nous opérerions sur des masses.

En effet, nous vendîmes tant qu'il se présenta des acheteurs. Cette hardiesse à offrir, toujours offrir, fit une sensation extraordinaire. Nous parvînmes à faire reculer les haussiers ; en moins d'une heure, il y eut deux francs de baisse. La phalange de Tortoni ne savait à quoi attribuer cette témérité. Dans l'état des événements politiques, cette manière d'opérer ne pouvait se justifier que par une nouvelle décisive arrivée le matin même. La Bourse y comptait ; on croyait la voir affichée ; moi-même j'étais convaincu que le gouvernement ferait cette communication. Tortoni avait terminé à deux francs vingt centimes de baisse; la Bourse s'ouvrit dans les mêmes termes. Cependant rien n'avait percé ; les renseignements recueillis à droite et à gauche, dans les couloirs de la Chambre des députés comme dans les ministères, tendaient, au contraire, à prouver que le mouvement dans les fonds publics était le résultat d'une panique que rien ne justifiait. Hélas ! tout cela provenait d'un malentendu. La dépêche télégraphique, oubliée sur la table du ministre, avait plusieurs années de date : ce n'était qu'un chiffon de papier égaré! La Bourse se remit, et, à la baisse du matin, elle répondit par une hausse du double. Le colosse financier intervint et enleva la rente. J'avais opéré sur des sommes considérables, j'étais ruiné, et mon agent de change en recevait une rude atteinte. Il n'y résista qu'un mois, et gagna, au bout de ce temps, la Belgique pour des raisons de santé.

Ce que ma négligence commerciale avait commencé, l'agiotage l'acheva. Aussi m'en est-il resté contre lui une haine implacable. S'il existe, c'est en violation de la loi; si des agents de change en sont les intermédiaires, c'est au mépris de leurs devoirs et en bravant les peines les plus graves. On n'a, en effet, qu'à ouvrir le Code pénal ; voici ce qu'on y lit :

« Art. 404. Les agents de change ou courtiers qui auront fait faillite seront punis de la peine des travaux forcés.

« Art. 421. Les paris qui auront été faits sur la hausse ou sur la baisse des effets publics seront punis des peines portées en l'art. 409 (de 500 à 10,000 francs d'amende, d'un mois à un an de prison).

« Art. 422. Sera réputée pari de ce genre toute convention de livrer ou de vendre des effets publics qui ne seront pas prouvés par le vendeur avoir existé à sa disposition au temps de la convention, ou avoir dû s'y trouver au temps de la livraison. »

Ainsi voilà un agent de change qui était devenu mon associé, et qui avait encouru la peine des travaux forcés. Deux mois après son départ, il arrangea son affaire et conserva une jolie situation de fortune. Moi, qui n'étais que son complice, je fus puni d'une manière plus sévère. Mais, en oubliant même ce qui me concerne, n'est-il pas étrange qu'il existe une corporation puissante, par qui la loi est regardée comme non avenue? Quand on dit en France : Il n'y a pas de privilége devant la loi, on oublie les agents de change.

XXVIII.

LA MAITRESSE ET LA FEMME.

Dans la situation où je me trouvais, il ne me restait que deux choses à faire : presser mes rentrées et réduire mes dépenses ; je devais à mes créanciers ce double effort et ces témoignages de ma bonne foi. Peut-être aurais-je dû m'arrêter sur-le-champ, exposer mes embarras et demander un délai pour me soustraire à une liquidation onéreuse. C'était le moyen de tirer tout le parti possible de l'actif de la maison et de ne pas aggraver le passif des charges qu'y ajoutait l'emploi d'expédients désespérés. Vingt fois je fus sur le point de prendre ce parti, vingt fois le cœur me manqua. On ne sait pas quelle somme de résolution et de courage il faut à un honnête homme pour venir déclarer devant une assemblée nombreuse qu'il ne peut pas tenir ses engagements et faire honneur à sa signature ; on ignore quels combats il soutient avant de s'y résoudre, et quelles angoisses il endure quand il s'y est décidé. Je conçois que quelques-uns d'entre eux aient préféré la mort à cette expiation douloureuse, et voulu rendre leur probité manifeste par le suicide. Beaucoup d'autres n'ont été retenus sans doute que par des liens ou des devoirs de famille, plus impérieux encore que le soin de leur propre honneur ; mais, dans tous les cas, il est difficile de comprendre que l'on se fasse, de ce triste moyen, un marche-pied pour arriver à la fortune, un jeu répété, une sorte d'habitude. On a beau fuir sa conscience, on n'y échappe jamais complétement.

Ainsi je puisais dans la crainte d'un éclat public l'énergie nécessaire pour prolonger mon agonie. Quoique je n'eusse pu éteindre mes différences de Bourse, jusque-là du moins aucun effet n'était resté en souffrance : Dieu sait à quel prix ! A chaque échéance nouvelle, c'étaient des efforts incroyables, une activité que je ne retrouverai plus. Le matin au dépourvu, le soir j'avais paré à des payements considérables, étonné moi-même de ce succès et obligé de le renouveler presque chaque jour. Les malheureuses qui, dans l'enfer mythologique, cherchent à emplir un tonneau sans fond, rappellent avec une effrayante vérité la besogne que j'accomplissais alors sans espoir comme sans trêve. J'ai remporté ainsi des victoires accablantes et franchi des faux pas qui augmentaient sous mes pieds la profondeur de l'abîme. Malvina s'associait à ma pensée : elle ne m'interrogeait pas, mais elle me devinait. Quand la recette du détail avait donné, elle m'apportait, joyeuse, la somme qu'elle avait recueillie et n'en prélevait que ce qui était strictement nécessaire pour la maison. Personne ne comprenait mieux qu'elle la sainteté des obligations commerciales, et ce que vaut un nom honorablement porté : son cœur se serrait à l'idée que celui des Paturot pouvait s'entacher de notre fait et déchoir par notre faute.

Il est, dans le malheur, une consolation précieuse : c'est celle d'une confiance sans limites. Cette consolation me manquait : je cachais quelque chose à ma femme ; il y avait du froid entre nous. Elle, si gaie autrefois, si disposée au babil, semblait atteinte d'une mélancolie profonde. Moi, j'étais mal à l'aise et n'osais lui dire quel vide immense avait créé dans notre état financier mon aventure avec la princesse Flibustofskoï. Il fallait sortir de là, fût-ce au prix d'un aveu : j'en pris la résolution. Une échéance formidable me menaçait ; je voulus savoir si les 200 mille francs prêtés à la palatine ne pourraient pas me venir en aide dans des embarras sans cesse renaissants. Depuis que ma gêne et mes mauvaises spéculations avaient acquis une certaine notoriété, je ne rencontrais plus chez ma belle qu'un accueil assez équivoque : des visiteurs à moustaches, jeunes élégants, dérangeaient toujours, à point nommé, l'intimité de nos rapports, et le feld-maréchal Tapanowich devenait d'une grossièreté et d'une brutalité révoltantes. Il était temps d'amener une explication : je me rendis chez la princesse, bien décidé à exiger un remboursement immédiat et à lui envoyer les huissiers si elle ne s'exécutait pas de bonne grâce.

Quand j'arrivai dans son boudoir je le trouvai littéralement encombré. La palatine avait autour d'elle un sérail d'hommes bruns, blonds, châtains, de tout âge et de toute encolure. Il fallut m'asseoir et faire nombre, entendre beaucoup de méchantes plaisanteries, supporter le spectacle des manéges d'une coquette qui calmait celui-ci par un mot, provoquait celui-là par un regard, ménageait et encourageait tous ses adorateurs, distribuait à propos l'espoir ou excitait la jalousie ; enfin, semblait mettre tout son art à ne préférer et à n'éconduire personne. Hélas ! on ne connaît ce qu'il y a de vide dans une idole que lorsqu'on l'a brisée. Lorsque j'étais sous le charme, aucun de ses défauts ne m'avait frappé ; pour la première fois je les apercevais à nu ; j'entrevoyais cette existence pleine d'artifices, et d'horribles doutes me remplissaient l'esprit. Les trois cent vingt-deux mille moutons des bords de l'Ukraine pouvaient être des animaux fantastiques, éclos dans l'imagination d'Oscar ; le palatinat, qui le sait ! n'était lui-même qu'une chimère, et le feld-maréchal qu'une utopie. Mes deux cent mille francs seuls restaient comme une avance réelle faite sur des garanties ima ginaires. Jamais l'idée d'une mystification ne m'avait assailli d'une manière aussi formelle et compliquée à ce point de désirs de vengeance. Au bout d'un quart d'heure d'attente, voyant que la compagnie ne quittait pas la place, je m'approchai de la princesse, et avec une voix ferme, quoique entendu d'elle seule, je lui dis :

— Madame, je voudrais vous parler. Renvoyez votre monde.

— Vraiment! monsieur, répliqua-t-elle évidemment piquée; et à quel titre, s'il vous plaît?

— Il le faut.

— Ah! il le faut, dit-elle en m'examinant avec inquiétude. Vous êtes solennel aujourd'hui.

Ces mots, rapidement échangés, suffirent pour amener le résultat que je désirais. Sans doute, la princesse comprit qu'en me résistant elle me pousserait à faire du scandale : elle s'y prit avec tant d'adresse et usa de tant d'ingénieux moyens que dix minutes après nous étions seuls. Alors la comédie ordinaire commença : les airs de reine, les plaintes, les reproches, les larmes même eurent leur cours ; mais mon parti était pris, bien pris. On me traita de despote, de tyran, d'homme sans pitié; pour la première fois, je tins bon. Ni les regards de basilic, ni les sanglots, ni les évanouissements n'eurent le don de m'émouvoir ; j'assistai, sans sourciller, au spectacle des grands et des petits artifices à l'usage des femmes. Il s'agissait de l'honneur de mon nom, de l'avenir de ma famille : c'était ouvrir les yeux un peu tard : mais enfin, je les ouvrais.

— Madame, lui dis-je avec fermeté, tout est fini

entre nous; oublions un moment d'ivresse. Nous avons à observer, vous des devoirs de rang, moi des devoirs de famille. En cessant nos relations, nous y gagnons tous les deux, moi ma propre estime, vous celle de l'empereur et la mainlevée de vos 522,000 moutons, ajoutai-je avec un sourire tant soit peu ironique.

— En effet, répliqua la princesse, dont les yeux tarirent sur-le-champ, en effet, monsieur Paturot, continua-t-elle en cherchant à me pénétrer avec un regard fixe et froid, nous avons quelques erreurs à réparer. Je m'étais trompée, monsieur; je croyais avoir affaire à un galant homme, je vois que je suis tombée entre les mains d'un manant.

C'était une dernière façon de me tâter; je le compris et reçus le compliment sans sourciller. On voulait une scène, je ne m'y prêtai pas.

— Le mot est dur, madame, lui dis-je en prenant mon chapeau; j'essayerai de le mériter. Si, dans trois jours, je ne suis pas remboursé de mes avances, j'enverrai les huissiers ici.

Là-dessus je sortis fort content de moi et lançai dans l'antichambre au feld-maréchal Tapanowich un regard plus féroce et plus provocateur que le sien.

Comme je l'avais promis, j'attendis trois jours : personne ne parut. En retour des sommes que j'avais comptées, la princesse avait souscrit quelques engagements, je les portai chez un huissier. On entama la procédure; elle s'acheva sans contradicteurs. Il y eut jugement par défaut, qui devint définitif, signification et tous les accessoires. Comme la somme était importante, le rôle des frais s'éleva à un chiffre considérable; j'espérais qu'une saisie m'indemniserait au moins de cela. Le dossier étant en règle, on prit jour pour instrumenter. Les recors frappèrent à la porte de l'hôtel; personne ne répondit. On passa outre en remplissant les formalités légales; on entra. O déception! tout était dégarni, les murs étaient nus; il ne restait, en fait de meubles, que six patères et quelques tringles de croisées. Les oiseaux, en dénichant, avaient emporté jusqu'à la paille de leur nid. J'en étais, outre mes deux cent mille francs, pour deux mille francs de frais de procédure. J'écrivis à Moscou, à Odessa, en Ukraine; on me répondit que la princesse Flibustofskoï était parfaitement inconnue, et que, dans les cadres de l'armée russe, il n'existait aucun feld-maréchal du nom de Tapanowich. J'avais poussé la précaution jusqu'à parler de trois cent vingt-deux mille moutons saisis par l'empereur : on me répondit que l'empereur ne saisissait les moutons de personne et qu'il châtiait par d'autres moyens les boyards qui s'avisaient de lui désobéir. Dans tout cela, il n'y avait que les bords fortunés du Don qui ne fussent point chimériques, mais mon huissier lui-même fut obligé de convenir qu'on ne pouvait exercer aucune action raisonnable contre ce fleuve : la princesse avait abusé de son nom. Or, quand un huissier déclare qu'il n'y a rien à faire, on peut s'en rapporter à lui.

Décidément, tout tournait contre moi : j'étais né sous une sombre étoile. Cependant cette dernière aventure me donna un courage que je n'avais point auparavant. Je n'avais plus à rougir vis-à-vis de Malvina; ma situation était régulière : je portais la tête comme un homme qui a sur les épaules un poids de moins. Pour compléter ce retour, je n'avais plus qu'un aveu à faire et un pardon à demander. Je connaissais Malvina, je savais quels trésors de bonté renfermait son cœur; aussi cherchais-je une occasion pour amener une explication décisive. Malheureusement, madame Paturot ne s'y prêtait pas : dès qu'elle me voyait entamer ce chapitre, elle avait un talent inouï pour détourner la conversation. Tantôt c'était un enfant à soigner, tantôt une vente à faire; le soir elle était trop fatiguée, le matin trop pressée de descendre. En attendant, il fallait rester avec mon secret et avec mon aveu sur les lèvres. Je n'y tins pas : un jour, après déjeuner, j'arrêtai ma femme par le bras au moment où elle allait s'esquiver pour se remettre à la besogne :

— Bibiche, lui dis-je, assieds-toi donc : j'ai quelque chose à te dire.

— Nenni, nenni, me répondit-elle en m'embrassant sur le front; les pratiques m'attendent. La vente va souffrir.

— Une minute seulement, Malvina.

— Non, mon homme, c'est autant de volé à nos enfants. Jérôme, ajouta-t-elle en poussant un soupir, nous ne leur avons fait que trop de tort, à ces pauvres chéris.

— A qui le dis-tu? m'écriai-je en sentant mon œil se mouiller; c'est moi qui suis un infâme, un mauvais père, un mauvais mari. Figure-toi...

— Un tas de bêtises! allons, mon homme, ne le prends pas comme ça. Qui est-ce qui n'a pas de torts dans sa vie? Suffit que le cœur reste bon, vois-tu!

— Mais non, chouchoutte, ce n'est pas tout; il faut encore savoir se conduire, ne pas donner dans les intrigantes.

— Ah! bien oui; la vie est pleine de ça, mon homme! Eh bien, quoi? tu auras été dupe d'une commère, d'une soi-disant princesse...

— Tiens! tu le sais?

— D'une princesse de quatre sous, qui t'a plumé, houspillé, trompé, berné.

— Comme c'est ça!

— Jérôme, mon bon Jérôme! nous nous sommes promenés tous les deux dans la lune pendant deux fois trois cent soixante-cinq jours. Nous en revenons, c'est bien : il n'y a que nos pauvres petits poulets qui en auront souffert. Le reste, vois-tu, c'est zéro. Un coup d'éponge sur le passé, mon homme. Je ne te dis que ça.

— Toujours la même, cette bibiche! Tiens, Malvina, tu m'aurais ôté de dessus la poitrine un poids de six cent mille kilogrammes que je ne serais pas plus soulagé.

— Il n'y a pas de quoi, mon homme. Ainsi c'est convenu, ne pensons plus qu'à nos enfants. De ceux-là, Jérôme, tu peux m'en parler du matin au soir; ça me remet, ça restaure, ça me chasse mes mauvais souvenirs. S'il me reste un peu de courage, c'est pour eux; un peu d'illusion, c'est pour eux. Ces agneaux adorés, à nous deux, nous les tirerons bien de la peine. J'irai gratter la terre, s'il le faut, Jérôme.

— Et moi donc, Malvina !

— Eh bien! alors, ajouta ma femme en m'embrassant de nouveau, laisse-moi descendre au magasin. Je n'y vends pas une paire de chaussettes sans songer à eux; ça me rafraîchit le cœur. Pauvres poulets! hier cent mille livres de rente, aujourd'hui rien!

— Je suis un indigne, je me battrais, bibiche.

— Chacun ses fautes, mon pauvre Jérôme; mais Dieu est bon et la vie est longue.

XXIX.

L'INSTITUTEUR CHEVELU. — LA BOSSE DU THÈME GREC.

Parmi les économies auxquelles il fallait alors se résigner, il en est une que nous ajournions sans cesse. La maison avait été réduite autant que possible, et l'ordre le plus sévère y régnait désormais. Plus de fantaisies ni de jouissances de luxe; la toilette était devenue modeste, l'ordinaire aussi; l'essaim des parasites avait pris la volée. Tout cela, nous l'avions fait sans hésitation et sans regrets : le sacrifice ne portait que sur nous. Mais il fut bientôt question d'appliquer à nos enfants ce système de réductions successives. Mon aîné, Alfred, était entré depuis sept mois dans une institution en vogue; j'avais choisi la plus célèbre, par conséquent la plus coûteuse. Sur ce point, ma générosité était aveugle et sans limites : je ne marchandais sur rien, ni sur les prix, ni sur les articles. Alfred devait avoir tous les maîtres, suivre tous les exercices, épuiser, en un mot, le programme de l'établissement. C'était une manière de faire éclater ma tendresse : je fus compris.

Les premiers mémoires s'élevèrent à des sommes fabuleuses ; je payai jusqu'aux centimes ; il me semblait qu'ils devaient retomber en soins et en attentions sur la tête de mon enfant.

J'allais souvent voir l'aîné de ma race dans l'institution où je l'avais placé. Le local était heureusement choisi : des cours, un grand jardin, des dortoirs spacieux, des salles bien chauffées et bien éclairées, tout était fort convenable, même aux yeux d'un père : la cage n'attristait pas le regard, les oisillons pouvaient s'y habituer. Je demandai à goûter le potage ; il était excellent ; j'appris plus tard que la marchandise ne répondait pas toujours à l'échantillon. Du reste, la supercherie était fort inutile ; car la chose que les écoliers amnistient le moins facilement, c'est la soupe du pensionnat. Aucune de leurs colères n'est plus opiniâtre que celle-là ; ils oublient les *pensums*, ils oublient les retenues, ils pardonnent même aux *pions* de l'établissement : ils ne pardonnent jamais à la soupe. C'est une haine qui ne s'éteint qu'à la sortie ; et encore !

Le chef de cette institution est l'un des hommes qui ont le plus contribué à mettre l'éducation de l'enfance au niveau des idées modernes. Trois ans auparavant il n'avait sous la main qu'un méchant petit pensionnat, à peine au-dessus d'une école primaire. Les familles du quartier envoyaient chez lui de mauvais drôles d'externes pour obtenir un peu de tranquillité dans le foyer domestique. Ces chenapans, entre cinq et huit ans, apprenaient là, entre autres notions essentielles, qu'un être policé ne marche pas sur les genoux, et que le dernier mot de la civilisation humaine ne consiste pas à se fourrer obstinément les doigts dans le nez. L'instituteur dressait ces jeunes sauvages, et leur donnait à dévorer les pommes vertes de son jardin. Quelques éducations brillantes en ce genre lui firent un nom, et le cercle de ses relations s'étendit. Alors, il inventa deux choses qui étaient méconnues avant lui, et qui prirent l'enfance par l'endroit sensible; je me plais à déclarer qu'il n'y a point de jeu de mots là-dedans. D'une part, il inventa la gymnastique, appliquée au redressement de l'intelligence; de l'autre, il inventa le transport des marmots en voiture. C'étaient deux idées de génie : la gymnastique et la voiture étaient imaginées sans doute, mais l'instituteur trouva la manière de s'en servir. De là sa fortune et sa gloire.

Ce succès dans la surveillance du bas âge ouvrit à notre instituteur des perspectives nouvelles. Il se dit que l'art du pensionnat était encore au berceau, et qu'en appliquant à cette industrie les procédés des découvertes récentes, entre autres la vapeur et la mécanique, on confectionnerait des éducations d'un meilleur débit. Bien des préjugés régnaient dans sa partie : on exerçait la profession terre à terre; on élevait les enfants en vue d'eux-mêmes et non de l'institution; on ornait leur esprit, on formait leur cœur, sans songer le moins du monde à en faire une enseigne pour l'établissement; on oubliait trop qu'une industrie est une industrie, qu'une spéculation est une spéculation. Ces réflexions amenèrent l'instituteur à envisager l'éducation au point de vue utilitaire, à calculer ce qu'elle peut rendre à un entrepreneur qui exploiterait la chose en grand et avec des procédés particuliers. Il comprit qu'il y avait là une mine d'or; il se lança, ouvrit un commerce d'enfants, de curiosités latines et grecques, de merveilles assorties. C'était toute une révolution.

Pour faire accepter l'idée, il fallait la répandre. Jusqu'alors personne n'avait spéculé sur l'enfance à raison d'un franc vingt-cinq centimes la ligne. On ignorait l'art de fasciner le père de famille par un entrefilet de journal, un fait-Paris, ou même par ce que l'on nomme techniquement une réclame. Le moyen était d'autant plus triomphant qu'il n'était point usé. Un journal est un insidieux confident qui laisse des traces dans les esprits les plus distraits. On ne sait où on a lu, par exemple, que l'institution Roustignac est la première des institutions, que les pairs de France y placent leurs rejetons, et que le pacha d'Égypte y entretient un enfant de son dix-huitième lit; on ne sait où l'on a lu cet éloge, et pourtant il fait partie intégrante de nous-mêmes et de la somme de nos connaissances. Nous l'adoptons; nous en faisons part à nos amis. D'où cela vient-il? Peu importe. L'idée circule, elle fait son chemin. On a ainsi créé des tailleurs de génie et des pommades souveraines : il ne s'agissait plus que d'appliquer le moyen à l'instituteur.

Ce fut le triomphe du grand homme dont je parle : il savait par quelle variété d'influences on agit sur le public, et quels langages divers il convient de faire entendre à des crédulités de toute nature. Jamais souplesse plus ingénieuse ne fut déployée dans une œuvre plus difficile. Chaque journal recevait le mot le plus propre à agir sur sa clientèle.

Dans le journal de l'opposition, on lisait :

« L'institution Roustignac est l'une de celles qui professent avec
« le plus de franchise le respect de nos libertés. Le vénérable La
« Fayette a promis d'y envoyer trois de ses petits-fils; le président
« des États-Unis vient d'y expédier son neveu, et la Grèce régénérée
« y entretient dix-huit descendants de Léonidas. Le local est vaste et
« aéré, la nourriture abondante et saine... Il y a des maîtres d'es-
« crime et d'équitation. »

Dans le journal conservateur, on lisait :

« La révolution de juillet a fait éclore une institution dont le be-
« soin se faisait généralement sentir, l'institution Roustignac. Pour
« la première fois en France, l'éducation y a pris une teinte profes-
« sionnelle, sans que les études universitaires y soient pour cela né-
« gligées. Il y a des maîtres de comptabilité, de tenue de livres et
« d'histoire naturelle. Les mathématiques y sont en honneur : l'in-
« stitution a fait recevoir quinze élèves sur seize à l'École polytech-
« nique, dix-huit à l'Ecole navale, douze à l'Ecole normale. Les
« princes sont venus visiter l'établissement, et S. M. a daigné faire
« témoigner à M. Roustignac toute la satisfaction qu'elle éprouve pour
« une création qui honore son règne. Le local est vaste et aéré, la
« nourriture, etc., etc... Il y a un maître de natation et un maître de
« danse : ce dernier enseigne comment on saluait dans l'ancienne
« cour. »

Dans le journal légitimiste, on lisait :

« Il ne restera plus bientôt d'institution où les pratiques religieuses
« sont en honneur. Cependant, nous devons signaler une exception
« consolante, celle de l'institution Roustignac. Les exercices de piété
« y sont suivis de la manière la plus régulière. Deux prêtres sont at-
« tachés à l'établissement; l'archevêque de Paris y a dernièrement
« confirmé soixante-deux élèves. Le local est aéré, etc., etc... Il y a
« un maître de plain-chant. »

Outre ces nuances politiques, il y avait encore des nuances domestiques, pour ainsi dire, et le chapitre des déductions de famille.

Pour les mères sensibles, on disait :

« C'est madame Roustignac elle-même qui préside à la toilette ma-

« tinale des enfants, qui les fait laver sous ses yeux, peigner, décrot-
« ter, brosser, comme le ferait la maman la plus attentive. Le local
« est, etc., etc... Il y a des barrières en fer devant les bassins et des
« grillages aux croisées. »

Pour les pères vaniteux, on disait :

« L'institution Roustignac tient toujours le haut bout dans les so-
« lennités universitaires : trente prix au grand concours, cent cin-
« quante prix au collége, en tout, trois cent vingt-quatre nominations,
« voilà son lot. C'est elle qui a fourni l'élève Patouillot, couronné
« trente-six fois, et l'élève Mistigri, fils d'une de nos illustrations
« littéraires. Le local est, etc., etc. On garantit le succès aux pa-
« rents doués eux-mêmes de quelque intelligence. »

Qu'on juge de l'effet de ces annonces alors nouvelles : le pensionnat Roustignac fit fureur ; on y
expédiait des sujets, francs de port, des quatre coins
de la France. Notre industriel fit le difficile : il refusa quelques marmots notoirement scrofuleux : autre
moyen de flatter ceux qui étaient admis. Bref, ce fut
une fortune sans égale. L'instituteur s'en montra digne : le succès ne l'enivra pas. Il comprit le premier
que la lutte universitaire allait devenir la pierre de
touche des institutions, et avant tous les autres il s'y
prépara. Ce n'était pas d'ailleurs un industriel ordinaire et sans études. Il savait à quel point la nourriture du corps peut modifier les forces vivantes : il
résolut d'appliquer ce système à la nourriture de l'esprit. Ainsi, plus d'une fois il avait entendu citer cette
histoire d'un berger anglais qui transformait à son
gré les bœufs et les moutons, modifiait, à l'aide du
régime, la grosseur et le poids des os, le volume du
squelette, portait à volonté la graisse sur le gigot ou
sur le filet, diminuait l'entrecôte ou renforçait le gîte
à la noix. Il savait aussi que ce régime, appliqué aux

hommes, avait eu un certain succès; que l'on dressait par ce moyen des boxeurs et des jockeys, les uns pour l'hygiène du coup de poing, les autres pour jouer le rôle de fantômes. On obtenait de la sorte, à l'aide de l'alimentation et de l'exercice, des membres presque artificiels, mais parfaitement propres au pugilat et à la course des chevaux. L'idée était ingénieuse : il ne s'agissait plus que de l'appliquer à l'enfance.

L'institution Roustignac eut encore cet honneur; elle inventa le culte et l'éducation des spécialités au point de vue du concours universitaire. On y créa la catégorie du thème grec, celle de la version grecque, celles du thème latin et de la version latine. L'histoire, le discours français, la géographie, les mathématiques, enfin, toutes les branches de l'enseignement eurent un noyau de lévites plus particulièrement chargés de les desservir. On pratiqua sur les élèves le système suivi sur les bœufs et les moutons, ou, si l'on veut, sur les boxeurs et les jockeys : on les dressa en vue d'un résultat donné et spécifié; on alimenta l'esprit de manière à ce que la substance se portât plutôt sur une partie de l'intelligence que sur l'autre, et que le discours latin ne nuisît pas, par exemple, à la version française. Voilà quelle fut la découverte, l'invention de l'instituteur auquel j'avais confié l'aîné de ma race. Cet homme était aussi grand que modeste : il n'a pas même pris de brevet de perfectionnement; aussi a-t-il été volé effrontément par ses confrères.

Depuis que mon Alfred suivait les cours de l'institution, il était devenu un puits de science. La pauvre

Malvina ne pouvait plus se faire comprendre de son fils. On eût dit que le petit drôle avait oublié le français ; il n'avait que du grec à la bouche : c'était adorable. Quand je l'interrogeais amicalement sur ses études, il ne se laissait jamais interloquer.

— Eh bien ! Alfred, lui disais-je, nous mordons, n'est-ce pas ? Que dit le papa Roustignac ? est-il satisfait ?

— *Onos, l'âne qui si bien chante,* me répondait le petit helléniste.

— Et l'ordinaire, en es-tu content, mon chou ? ajoutait Malvina. Si tu n'es pas bien nourri, il faut le dire, ton père se plaindra.

— *Agathos, bon, brave à la guerre,* répliquait mon héritier.

Ainsi du reste. Il épuisait les *racines grecques* de Port-Royal, je crois ; il n'avait que du grec à la bouche ; les compatriotes de Léonidas ne l'auraient pas renié. A huit ans savoir du grec ! entretenir une conversation en grec ! Cela tenait du prodige. Mon cœur de père en tressaillait de joie. Malvina eût préféré une langue moderne.

Eh bien ! telle était la rigueur du temps, qu'il fallait interrompre brusquement une éducation aussi brillante, couper les ailes à ce génie naissant. L'institution Roustignac avait poussé le mémoire trimestriel à un degré de perfectionnement où ma bourse ne me permettait plus d'atteindre. C'était un cruel et dernier sacrifice ; il fallait pourtant s'y résoudre. Quelques jours avant l'expiration du trimestre, je me rendis à l'institution pour déclarer à l'honorable industriel que mon fils allait lui être enlevé. Je ne croyais pas que cette mesure pût souffrir la moindre difficulté ; mais à peine eus-je décliné le but de ma visite, que le visage de l'instituteur se rembrunit.

— Vous rendre Alfred, monsieur Paturot ! vous n'y songez pas. Impossible, monsieur, impossible. Jamais, monsieur, jamais.

— Monsieur, c'est mon fils, il me semble.

— C'est possible, monsieur Paturot, mais c'est aussi notre premier thème grec, un sujet précieux, monsieur, avec la bosse du thème grec, très-prononcée, monsieur. Nous l'enlever ! peste ! et en faveur de qui ?

En prononçant ces paroles, le père Roustignac se promenait à grands pas dans l'appartement et trahissait ses impressions dans un monologue entrecoupé :

— Qui me joue ce tour-là ? je parie que c'est Barbichon ! Oui, c'est Barbichon, ajouta-t-il en se frappant le front : il vient de faire voyager en province pour se procurer un thème grec de quelque valeur. Ah ! Barbichon, tu veux me souffler mes thèmes grecs ! Eh bien ! nous verrons. Tu as renchéri de cinq cents francs pour avoir la version latine qui m'a battu au dernier concours ; mais tu ne me subtiliseras pas celui-ci, mon petit.

J'écoutais ces doléances sans en comprendre toute la signification ; enfin, quand l'instituteur parut plus calme, je me retournai vers lui pour renouveler ma demande :

— Assez, monsieur Paturot, je vous comprends et vais droit au fait. Quelles sont vos conditions ? combien exigez-vous ?

Je crus rêver : les rôles étaient intervertis. L'instituteur remarqua mon hésitation et insista :

— Quelles que soient les offres que l'on vous fasse, monsieur, je vous demande la préférence. J'y ai quelques droits.

— Vraiment, monsieur, je ne vous comprends pas, lui dis-je. Mes moyens de fortune ne me permettent plus désormais...

A peine avais-je prononcé ces mots que la figure de l'instituteur s'épanouit :

— Eh! n'est-ce que cela, cher monsieur Paturot? que ne parliez-vous? Votre Alfred est un trésor, un thème grec comme je n'en ai jamais eu. Nous le garderons, père fortuné, nous l'élèverons pour l'honneur de l'hellénisme.

— En vérité!

— Nous l'habillerons en sus, si vous le désirez, monsieur Paturot! Un enfant comme celui-là, un premier thème! tenez, vous m'avez fait peur. Je vous ai cru vendu à un concurrent.

— Moi? oh! quelle idée!

— Monsieur Paturot, j'adopte votre enfant : il achèvera ses études dans l'institution; non-seulement je le promets, mais je le signe; nous allons passer un acte.

— Votre parole suffit.

— Du tout, nous allons signer, c'est plus sûr. Un thème grec comme celui-là! j'aurais envoyé dix voyageurs en province, qu'ils n'en auraient pas trouvé de pareil.

Je fis ce que voulait l'instituteur : il s'engagea à garder mon fils sans indemnité, et moi je promis de le laisser dans le pensionnat tant que dureraient ses études. Sans savoir jusqu'où pourraient aller les écarts d'une affection spéciale, je venais de vouer mon Alfred au thème grec, comme on voue un enfant au blanc. Le père Roustignac avait frappé à coup sûr : mon fils ne démentit pas l'horoscope. Au bout de l'année scolaire on put lire dans tous les journaux :

« Le jeune Alfred Paturot, de l'institution Roustignac, a eu l'hon-
« neur de dîner avec le ministre de l'instruction publique. On sait que
« cet élève a obtenu le premier prix de thème grec au concours. C'est
« le plus beau succès de ce genre depuis la création de l'Université. »

En me félicitant de ce résultat, l'instituteur ajoutait :

— Monsieur Paturot, envoyez-moi donc votre cadet ; nous le ferons mordre à la version latine.

XXX.

LE CAPITALISTE D'OSCAR. — CLICHY.

Malgré des efforts inouïs, la maison Paturot s'éteignait sous le poids des escomptes : on n'emprunte pas impunément à quinze et vingt pour cent. De l'usure décente, j'étais descendu jusqu'à l'usure éhontée; l'argent n'arrivait plus chez moi qu'au prix de démarches poignantes et de sacrifices accablants. La chose en vint au point, qu'à bout de ressources, un jour j'allai chez Oscar, malgré la promesse que j'avais faite à Malvina de n'y plus mettre les pieds ; je le savais ingénieux, fertile en expédients.

— N'est-ce que cela? me dit-il après m'avoir écouté; viens, Jérôme, je vais te conduire chez mon capitaliste.

Le capitaliste d'Oscar!!! Le peintre ordinaire de Sa Majesté avait un capitaliste!!! Qui l'eût pensé? Dans tous les cas, la découverte était assez curieuse pour mériter d'être vérifiée. J'acceptai donc l'offre. Le rapin donna une couche de vert à un Faune qu'il traitait par son procédé ordinaire, quitta sa blouse, se vêtit, prit son chapeau, et nous partîmes. Le capitaliste d'Oscar dédaignait d'habiter le quartier de la finance; il occupait, entre le Palais-Royal et le Louvre, dans une des ruelles qui débouchent sur la rue Saint-Honoré, une maison qui lui appartenait et qu'il habitait seul. Je crus d'abord que nous allions voir paraître un de ces types d'usurier consacrés par la tradition et illustrés dans les romans; je me figurais d'avance un vieillard sec et décharné, habitant un galetas garni de curiosités empaillées : ainsi le voulait la tradition. Quelle fut ma surprise lorsque au delà d'une porte assez malpropre j'aperçus un intérieur fort bien tenu, des escaliers cirés, des portières en velours, une antichambre, un salon, un cabinet somptueusement meublés. C'est dans cette dernière pièce que nous reçut le capitaliste d'Oscar, jeune homme de trente ans environ, élégant et poli, n'ayant dans les formes rien d'usuraire, ni les ongles crochus, ni les lèvres pincées, ni l'œil caverneux. Je n'en revenais pas.

Oscar me présenta à lui et exposa mon affaire. Le capitaliste souriait avec grâce; évidemment, la négociation était enlevée. Pas le moindre signe de mécontentement, de mauvaise volonté ; pas de question pénible, indice de défiance. On eût dit un ami qui allait mettre son coffre à ma disposition, sans garantie comme sans réserve : c'était lui qui semblait être mon obligé. Quelle découverte qu'un tel capitaliste ! Je ne m'étonnais pas qu'Oscar s'en fût jusque-là réservé le monopole.

— Monsieur Paturot, me dit-il avec une voix caressante, il vous faut vingt mille francs ; je les ai à votre service.

— Ah ! monsieur, lui dis-je, que de grâce !

— Vous réglerez cela comme vous le voudrez.

— Monsieur, monsieur, répondis-je, ce serait trop ; j'en passerai par les conditions d'usage.

— Du tout, ce sera à votre choix. Vous me nantirez comme vous l'entendrez, en filoselle, en flanelle, en châles de Cachemire, en perles de Golconde, en lingots d'or ! c'est absolument à votre discrétion.

Le désintéressement du capitaliste s'expliquait : il prêtait, mais il voulait un gage. Cette proposition donna un autre tour à mes idées. Il me restait un fonds de magasin d'un écoulement difficile, impossible même : je crus que l'occasion était favorable pour me procurer de l'argent sur cette valeur morte ; je l'offris au prêteur.

— Très-bien, monsieur, très-bien, me dit-il ; faites la note de votre dépôt. Peu importent les articles.

J'avais cet état dans la mémoire, je le dressai fort exactement, en l'accompagnant d'un désistement en faveur du capitaliste.

— Monsieur Paturot, me dit-il alors, je vous sais un honnête homme. Évaluez vous-même les marchandises que vous me donnez en nantissement, et je vous en avancerai le montant tout entier.

— Monsieur, lui dis-je, voilà qui est parfaitement loyal de votre part. C'est me piquer au jeu; je ne démériterai pas de votre confiance.

En effet, pour répondre à ce bon procédé, je mis une discrétion exemplaire dans mes évaluations ; cependant elles s'élevaient à vingt-deux mille francs.

— Vingt-deux mille francs, c'est parfait. Vingt-deux mille francs, vous les aurez, monsieur.

— Cependant, ajoutai-je, si vous voulez ne donner que vingt mille francs, pour plus de sécurité, j'y souscrirai.

— Non, monsieur Paturot, ce sera vingt-deux mille francs, me répliqua-t-il avec le plus aimable sourire ; l'affaire n'aura lieu qu'à cette condition.

— Vraiment, monsieur, on n'est pas un plus galant homme que vous.

— Malheureusement, monsieur Paturot, ajouta le capitaliste en roulant des yeux attendris et laissant échapper un soupir étouffé, vous venez un peu tard. J'ai prêté hier cinquante mille francs à un fils de famille en train de se ruiner, il ne me reste que six mille francs en caisse. Il faudra attendre trois semaines pour le reste. Quel dommage !

J'étais joué ; le drôle savait que je ne pouvais pas attendre : il m'avait ainsi conduit peu à peu jusqu'à la limite de mes propositions sans se livrer, sans démasquer ses batteries. Je voyais que nous allions retomber dans les vieux moyens de comédie. Mais qu'y faire, hélas ! Six mille francs en numéraire, c'était quelque chose ; j'attendis le choc de pied ferme.

— Cependant, monsieur, poursuivit-il d'un ton plus sérieux, si quelques marchandises d'un débit très-courant pouvaient vous convenir pour les seize mille francs qui complètent votre somme, nous verrions à en finir tout de suite.

C'était là le nœud du marché, une réminiscence de Molière. Je me voyais déjà obligé de choisir entre *le fourneau de brique, fort utile à ceux qui sont curieux de distiller,* et la *tenture de tapisserie représentant les amours de Gombaud et de Macé;* j'avais à me charger des *mousquets garnis de nacre de perles,* du *lézard empaillé garni de foin,* du *trou-madame* et du *luth de Bologne.* Eh bien! il y a dans la vie des moments de vertige tels, que ni la réflexion, ni la honte d'être dupe, ne peuvent arrêter un homme. Le capitaliste d'Oscar connaissait ses justiciables; il vit que je lui appartenais. Nous nous levâmes, et il me conduisit dans ses magasins. La maison entière était un bazar; tous les étages étaient encombrés d'objets de pacotille, de marchandises hétéroclites, d'articles de bric-à-brac. Le propriétaire paraissait fier de ce magnifique assortiment.

— Monsieur Paturot, me dit-il en reprenant son air affectueux, vous êtes député, vous avez droit à tous mes égards. J'ai souvent fait des affaires avec des députés, même avec des pairs de France; je suis connu des hommes d'État. Beaucoup de procédés, voilà mon titre; les personnes qui traitent avec moi s'en souviennent. Voyez, poursuivit-il en me montrant la plus abominable collection de camelottes qui ait jamais paru sous le ciel, voyez, choisissez là-dedans. Je ne vous impose rien, ni les prix, ni les articles. Voici une partie de cages d'oiseaux d'un goût charmant, dont un spéculateur m'a offert hier cinq mille francs, pour les expédier aux Canaries ; je vous céderai cela pour quatre mille francs. Voici des tuyaux de pipe qui prennent chaque jour de la valeur par suite de l'accroissement du nombre des fumeurs : trois mille francs, c'est pour rien. Voici douze cents casquettes de loutre, six cents bottes à l'écuyère, deux mille boîtes de pains à cacheter, trois cents polichinelles, cinquante-six mille cure-dents en bois des îles, huit cents emplâtres de poix de Bourgogne, cent deux mille pois à cautère accompagnés de trois mille serre-bras, sept cents souricières en fer galvanisé, huit mille pinces à épiler, onze cents accordéons, mille flûtes à l'oignon, cinq cents daguerréotypes, dix-huit mille statuettes complétement nues...

— Assez, lui dis-je, étourdi par ce bruyant inventaire. Je vais choisir mon lot.

— A votre aise, monsieur Paturot, je vous laisse ; vous êtes maître de mes richesses, disposez-en comme bon vous semblera.

J'achevai cette triste affaire. En retour d'un gage réel, je pris des valeurs imaginaires, des cages d'oiseaux, des cure-dents, des souricières, des accordéons. Je ne voyais dans tout cela que les six mille francs que j'allais recevoir.

C'est ainsi que j'amoncelais un orage sur ma tête : enfin il éclata. Un jour l'argent manqua pour parer à un payement, ma signature resta en souffrance ; les protêts se succédèrent coup sur coup ; le bruit de ma déconfiture fut bientôt public. Je tins bon encore ; j'espérais épargner à mon nom la tache légale, et éviter la déclaration de faillite. Mes plus forts créanciers étaient bien disposés en ma faveur; on me plaignait, on promettait de me secourir. Seul, le capitaliste d'Oscar se montrait intraitable et me poursuivait à outrance : quoique nanti, il se prétendit à découvert, m'enlaça dans une procédure habile et expéditive, et, avant que j'eusse pris mes mesures, obtint une contrainte par corps. Avec plus de sang-froid, j'aurais pu chicaner et gagner du temps; malheureusement ma tête n'y était plus, elle succombait à tant d'épreuves. Il fallut donner ma démission de chef de bataillon et de député; je restai nu et dépouillé sous le coup d'un jugement exécutoire. Les usuriers connaissent le prix du temps : dès que les pièces furent en règle, les gardes du commerce investirent mon domicile. Je fus épié, surveillé, saisi à l'improviste, et conduit à la prison de Clichy. A peine eus-je le temps d'embrasser Malvina, que je laissai en proie au désespoir.

Quand on arrive devant cet asile de douleurs ignorées, où la loi donne tort à l'imprudence et raison à l'exploitation, il est impossible de se défendre d'un sentiment d'angoisse et d'amertume. La prison n'est pas sombre par elle-même; sa situation, qui domine Paris, la vue de quelques jardins environnants, le bâtiment, d'un aspect moderne, n'ont rien qui repousse; mais est-il de belles prisons? D'ailleurs, les greffiers, les guichetiers, les grilles, les verrous, sont là pour rappeler le captif à cette douloureuse réalité que l'on nomme l'emprisonnement. Nulle part, il n'est plus navrant pour le cœur, plus lourd à la pensée. Dans la vie du malfaiteur, la prison occupe une place; il s'y est préparé, façonné de bonne heure;

il la quitte sans joie, il la retrouve sans chagrin. Il a attaqué sciemment la société ; la société se venge et le séquestre comme un être dangereux ; c'est bien, des deux parts on est quitte. Mais la prison pour une dette d'argent, voilà où se trouve la véritable torture. Que les hommes frappés ainsi aient été conduits sous les verrous par l'imprévoyance ou par le besoin, la prison n'en est pas moins un coup de foudre pour eux, une peine à laquelle rien ne pouvait les disposer d'avance. Entre eux et leur famille s'élèvent désormais des grilles qui n'admettent que des rapports limités et insuffisants. Ces pauvres captifs tiennent au monde par tous les liens qu'il crée et qu'il honore ; ils ont des femmes et des enfants dont ils sont les seuls soutiens, et l'emprisonnement atteint, condamne, tue souvent ces enfants et ces femmes. Ce n'est pas là seulement une torture pour le captif, c'est une grave responsabilité pour la société.

L'emprisonnement pour dettes est une rigueur difficile à justifier, un legs des temps barbares. A part quelques exceptions, elle se réduit toujours à ceci : demander à un homme de l'argent et le mettre dans une situation où il ne peut en gagner. Pour juger la contrainte par corps, il suffit d'être allé une seule fois dans son temple ; il suffit de voir qui elle frappe, et au profit de qui. Dans un ordre un peu élevé de relations financières, personne n'en use, si ce n'est à l'état de gageure. Restent donc alors, d'un côté, comme victimes, des fils de famille, de pauvres ouvriers, des hommes qui ont livré légèrement leur signature, des gens du petit commerce ; de l'autre, comme incarcérateurs, des escompteurs

sans pitié, des usuriers implacables ou des créanciers
que la passion anime. Par une bizarrerie qui n'a pas
été assez remarquée, la contrainte par corps n'atteint
pas la classe en vue de laquelle elle a été surtout
maintenue. C'est pour des actes et des engagements
de commerce qu'elle est instituée, et la prison pour
dettes ne renferme que très-peu de commerçants.
Quand ils y entrent, c'est pour y passer; la remise
d'un bilan suffit pour qu'un sauf-conduit les délivre.
Il ne reste donc dans cette enceinte que des hommes
victimes d'une fiction, des malheureux frappés comme
commerçants, et qui ne le sont pas.

Quand je pénétrai dans mon nouveau domicile,
je fus effrayé d'y rencontrer surtout des hommes
appartenant évidemment à la classe ouvrière. C'est
là le gros des détenus, ce qui fournit à la prison le
plus fort contingent. On y trouve des menuisiers,
des ébénistes, des revendeurs, des marchands en
détail; enfin les petits commerces et les petites industries de Paris. Dans cette classe de détenus, les
sommes qui ont motivé l'incarcération sont toujours
très-minimes, trois cents, quatre cents, cinq cents
francs, que les frais d'huissiers et de procédure portent souvent au double. En enlevant à ces hommes la
faculté de travailler, on leur a tout ôté, on a privé
le ménage de pain, la famille d'asile. Aussi, ces in-
fortunés se promènent-ils tristement dans la salle
commune, honteux de leur désœuvrement, et avec la
conscience des souffrances qu'il occasionne au dehors
de cette enceinte maudite. On s'est trop habitué à
regarder Clichy comme le purgatoire de quelques
enfants prodigues qui y expient leurs fautes entre le

champagne et leurs maîtresses. C'est là le moindre élément de la contrainte par corps : la prison pour dettes est l'asile de la privation et de la faim, et non de l'insouciance et de la débauche.

Qui croirait que, même dans cette enceinte, l'exploitation ait pu établir son siége? Cela est pourtant. Voici des hommes réduits à donner leur corps comme gage, et qui, faute d'une rançon, subissent les peines de la servitude : certes, c'est là une déclaration de misère difficile à décliner. Il y a des exceptions peut-être, mais, pour la masse, le dénûment résulte de l'incarcération. Eh bien, on trouve à gagner quelque chose sur ces malheureux. La loi, prévoyante à demi, a voulu que le créancier déposât trente francs par mois au greffe de la prison pour être appliqués aux aliments du débiteur ; elle a oublié d'ajouter qu'aucune réduction ne pourrait être opérée sur cette insuffisante subvention. Or, voici ce qui arrive. L'État assure aux prisonniers le logement, mais non le mobilier et les objets de literie. On n'a une couchette que moyennant un prix de location. Où la spéculation ne se glisse-t-elle pas? Le captif paye donc l'usage du lit, des matelas, des chaises, des tables, des armoires, et les vingt sous se réduisent ainsi à quatorze ou seize sous, ou mieux soixante et dix et quatre-vingts centimes. Soixante et dix centimes par jour, voilà quelle est la haute paye du peuple qui habite Clichy. Ces soixante et dix centimes supportent encore les bénéfices de la cantine. Quant au reste, il appartient aux fournisseurs du mobilier. L'eau même ne coule pas pour tout le monde à Clichy; on l'y vend. L'État devrait se montrer plus généreux vis-à-vis de gens qui payent de leur corps le droit de passer pour dénués de ressources.

Comme on le pense, j'arrivais là dans des conditions exceptionnelles. Par mesure de précaution, j'avais mis quelques pièces d'or dans mes poches, et à cette vue, le troupeau de guichetiers s'inclina profondément. Je ne marchandai sur rien, et distribuai à droite et à gauche des largesses qui me firent prendre pour un lord anglais. On me donna à choisir entre les cellules; j'arrêtai la plus propre dans les étages supérieurs. De là je dominais la ville entière et une portion de l'ancien jardin de Tivoli. Le panorama était magnifique; les barreaux seuls assombrissaient la perspective. Je veillai à ce que le domicile que me fournissait l'État n'offrît rien de trop repoussant au premier aspect. Malvina allait venir; je voulais ménager sa sensibilité. Je me mis au courant des habitudes du lieu, je visitai le jardin, la salle commune, le restaurant, enfin tout ce que Clichy offre de curieux et d'utile. Au bout d'une heure de séjour, j'étais déjà un hôte acclimaté à cette résidence.

Ainsi, toutes mes gloires m'avaient conduit là, au milieu de cette population souffrante et déshéritée. Était-ce la peine de monter si haut pour aboutir à une semblable décadence? Je n'ai jamais été un grand philosophe; mais Clichy donnerait de la philosophie aux esprits les moins méditatifs. En jetant les yeux sur cette immense ville qui se déroulait à mes pieds et m'envoyait des bruits confus, involontairement je songeais au rôle que j'y avais joué; je repassais dans ma mémoire cette marche rapide dans le chemin des grandeurs, mon élection comme capitaine, puis comme chef de bataillon de la garde citoyenne, ma candidature électorale, et le succès qui l'avait couronnée, ma situation financière et commerciale si longtemps brillante, les fêtes dont j'étais l'âme, la phalange d'artistes et de savants qui venait de perdre en moi un Mécène, mes efforts dans la carrière oratoire et l'insaisissable moment où j'avais failli devenir sous-secrétaire d'État. Quels souvenirs, et en quel lieu! Pour me tirer de ce rêve, il me suffit de jeter les yeux autour de moi, dans ma cellule de huit pieds carrés, d'y voir cette cruche d'eau, compagne obligée du prisonnier, l'étroite couchette garnie d'un matelas, la chaise boiteuse et la table de sapin qui composaient tout le mobilier. Ce retour vers la réalité remplit mon cœur d'une douleur qui n'était pas sans charme. J'avais abusé de la fortune; je devais m'attendre à l'expiation.

XXXI.

CLICHY. — LA VISITE DU PHILANTHROPE. — LE MONT-DE-PIÉTÉ.

Il existe, dans le cercle des relations sociales, une foule d'exploitations qui ne pèsent en général que sur les hommes éprouvés par l'adversité. Les riches y échappent ou ne les subissent que volontairement; les classes aisées, les existences régulières n'en sont point atteintes. Le malheur seul reste donc le principal aliment de plusieurs industries, à partir de l'escompteur pour arriver au geôlier, en passant par l'huissier et le garde du commerce. Il faut que tout ce monde vive sur les positions embarrassées, les impose et les aggrave. Dès qu'on a descendu le premier degré de cette échelle fatale, on est livré à des mains qui, de charge en charge et d'expédient en expédient, conduisent infailliblement un homme à l'abîme. Vraiment la société n'a pas assez d'entrailles pour les êtres qu'atteint une sorte de déchéance ; elle est tenue à plus de protection et plus d'appui envers ceux qui tombent ; elle devrait empêcher qu'on ne se partageât ainsi leur dépouille. La chute est assez lourde et l'expiation assez cruelle pour qu'on n'y ajoute pas les tortures de l'exploitation la plus ingénieuse et la plus raffinée.

Sans rien dire ici qui puisse blesser aucune classe, et en rendant justice à ce qu'il y a d'honorable dans toutes, il suffit de jeter un coup d'œil sur ce qui se passe au vu et au su de chacun. Dans les termes les plus ordinaires, et surtout pour les sommes modiques, une dette se double par les frais de procédure, et celui qui avec deux cent cinquante francs se serait libéré avant toute poursuite, ne voit guère lever son écrou à moins de cinq cents francs, quand les choses en sont allées jusqu'à l'incarcération. Les efforts désespérés qu'il a faits pour éluder la captivité ou pour en reculer le moment sont autant d'ajouté aux difficultés et souvent à l'impossibilité de la délivrance. On a vu quelquefois les charges s'élever dans une proportion plus forte encore, en dépit de la surveillance des magistrats et même des prescriptions de la loi. Sous le poids d'une servitude corporelle et d'un embarras de position, un homme ne conserve jamais l'idée bien nette de son droit et devient presque toujours une victime résignée; il ne se défend plus, il s'abandonne. Ce serait alors que la tutelle publique devrait intervenir d'une manière plus efficace, couvrir ces malheureux et les arracher à l'exaction. Des mesures bien simples suffiraient pour cela : un tarif de frais extrêmement modéré et une pénalité rigoureuse contre les hommes qui, en y dérogeant, essaieraient d'abuser de l'infortune. Avec une réforme dans ce sens et quelques exemples sévères, la chasse donnée au malheur n'aboutirait plus à une curée.

J'étais à peine installé à Clichy, et déjà les plaintes de la population qui l'habite frappaient mes oreilles. J'avais pu voir que, pour y vivre convenablement, il faut avoir constamment l'argent à la main : les millionnaires seuls s'y trouvent commodément et avec toutes leurs aises. Au moindre détail est attaché un salaire; on ne porte pas de la geôle un journal, une bouteille de vin, une lettre, quoi que ce soit, sans qu'il y ait un factage attaché à ce service. Faire transsuder les poches du prisonnier, de manière à ce qu'elles restent complétement à sec, voilà quelle est la grande affaire de la hiérarchie des guichetiers. L'administration ne devrait pas souffrir qu'un pareil mobile dominât, même dans une prison pour dettes : elle est tenue à plus de générosité et de grandeur; elle devrait se refuser à ces tarifs intérieurs qui ne sont qu'une exaction régularisée, et faire en sorte qu'une peine corporelle, subie dans un intérêt plutôt individuel que social, ne s'aggravât point de charges pécuniaires, que le plus grand nombre des prisonniers ne peuvent supporter sans douleur. L'administration, en outre, devrait être humaine. Dans toutes les prisons de malfaiteurs se trouve une infirmerie, où des soins leur sont assurés ; il n'y a rien à Clichy qui mérite ce nom. Les maladies y sont rares, dira-t-on ; cependant plusieurs prisonniers y sont morts ; ce qui prouve que l'on peut y tomber malade. Les créanciers sont intéressés à la santé de leur gage, et puisque la loi leur rend le service de le séquestrer, il est du devoir de l'administration, ne fût-ce qu'à ce point de vue, de ne pas le laisser périr.

J'avais passé près de vingt-quatre heures à Clichy, sans que personne fût venu m'y voir, et, de la part de Malvina, un si long retard m'étonnait. Je n'accusais pas son cœur ; mais je craignais quelque nouvelle catastrophe. Tant de secousses avaient ébranlé mon cerveau que les idées les plus sombres l'assiégeaient. Seul dans ma cellule, les coudes appuyés sur la table, et tenant ma tête à deux mains, je me laissais aller à un profond désespoir, quand un bruit me réveilla. C'était elle, c'était ma femme ; elle se jeta à mon cou, les yeux inondés de larmes :

— Mon Jérôme, s'écria-t-elle, enfin je t'ai rejoint ; ça n'est pas malheureux. Oh ! ces Cerbères de porte-clefs ! j'ai cru que je n'en finirais pas. Tiens, que je t'embrasse encore, mon homme, ajouta-t-elle en se jetant dans mes bras. Viens ! j'ai pensé mourir deux cent cinquante fois depuis hier. J'en pleurais des ruisseaux de larmes. Toi ici ! Dieu ! si ce pauvre oncle vivait !

Elle sanglotait et disait tout cela d'une manière entrecoupée, en m'embrassant et s'essuyant les yeux.

— Oui, Malvina, voilà où je suis venu aboutir, à

Clichy! La leçon est rude : plus d'amis, plus personne.

— Et ta femme donc, Jérôme! Pourquoi oubliez-vous votre femme, monsieur? Il ne faut pas m'en vouloir, mon ami : je suis venue deux fois hier, mais porte de bois. Passé trois heures, plus d'entrée. Ça n'est pas tout : pour arriver ici, il faut un permis de la police, rue de Jérusalem, au fond de la cour, un particulier roide comme un clou. J'y vais le soir; ce monsieur était parti pour aller dîner avec madame son épouse. Ça a des femmes, à ce qu'il paraît. J'y retourne ce matin; autre ennui. Une heure de queue, mon homme, comme à la Porte-Saint-Martin; la prison donne, il faut croire. Enfin le respectable employé me délivre mon affaire. Tu n'as pas d'idée de cet air rogue : à empailler, quoi!

— Pauvre chérie, que de mal je te donne!

— Tu crois que c'est tout. J'arrive ici à la porte en deux temps; 5 fr. la course; le fiacre brûlait le pavé, un cocher de choix. Je montre mon permis et je file vers le guichet. Ah bien oui! — Madame! qu'on me dit, madame! — De quoi? que je réponds; je vais voir mon mari avec l'assentiment de l'autorité. Vous ne connaissez donc pas la signature de vos chefs? — Si fait, madame; mais il y a une formalité à remplir; veuillez passer dans le greffe. — C'est bien, que je réplique; seulement dépêchez-vous.

— A-t-on vu vexation pareille?

— Tu n'y es pas encore. J'entre, et je vois venir une femme qui me passe les mains sur le corps, sous le châle, sur le..., enfin, partout. A-t-on vu une horreur pareille? On me prenait pour de la contrebande.

— Ah! je devine, on voulait voir si tu n'entrais rien de prohibé, de l'eau-de-vie ou autre chose.

— Prohibé ou non, j'ai administré à la commère une poussée dont elle se souviendra. Tâter une femme ainsi : vilaine malhonnête !

— Tu te seras fait quelque mauvaise affaire, ma pauvre Malvina.

— Du tout, du tout; elle a eu sa poussée. Maintenant elle ira se plaindre au roi si elle le veut; il ne la lui enlèvera pas.

— C'est le règlement de la prison.

— Je te dis qu'elle a eu sa poussée, et que si tout le monde lui en donnait autant, ça la dégoûterait du métier, la commère. Voilà.

— Toujours la même, cette Malvina. On peut le dire : toi, les grandeurs ne t'ont point changée.

— C'est bon, flatteur ! Mais parlons sérieusement. Jérôme, il faut sortir de cet antre, il faut en sortir.

— J'y ai songé depuis hier, chérie. En prison, il n'y a que la réflexion de libre : aussi se donne-t-elle carrière. Il n'y a plus à reculer, mon enfant : le nom des Paturot est destiné à une dernière épreuve. Je remettrai mon bilan, c'est le seul moyen qui me reste. Il est tout dressé; tu le feras porter demain au tribunal de commerce.

— Et quand sortirais-tu, Jérôme?

— Dans quelques jours, Malvina, avec un sauf-conduit du juge : un huissier viendra lever l'écrou.

— Dans quelques jours, pas plus tôt! tu resterais une semaine dans cet enfer! Ça ne me va pas!

— Comment faire?

— Écoute, Jérôme, tu as ton moyen, suis-le; moi,

mon homme, j'en ferai à ma tête. Ces murailles me tombent sur les épaules ; je ne te dis que ça. Embrasse-moi vite, que je file : j'ai des affaires en ville, vois-tu. Adieu, mon pauvre mouton, adieu ! Et soyez sage surtout ; ne vous émancipez pas trop, ajouta-t-elle en me tapotant les joues.

Elle disparut comme une biche, et de toute la journée je ne la revis pas. Je savais qu'elle s'occupait de moi, cela me consolait. J'essayai de me mêler au mouvement de la maison, je descendis au billard, dans le cabinet de lecture, dans la grande salle commune, où se confondent les prisonniers. Tout respirait la tristesse ; l'odeur même du local avait quelque chose de nauséabond. Cependant, ce jour-là il était facile de remarquer un air de propreté inaccoutumé. On attendait la visite d'un philanthrope connu qu'accompagnait le préfet de police. Dans ces occasions, la sollicitude des directeurs des prisons prend tout à coup un ressort extraordinaire. Ils se souviennent du procédé de Potemkin, et des villages postiches dont il sema l'itinéraire de Catherine de Russie. Par le même coup de baguette, les directeurs redorent et vernissent la cage de leurs administrés, et s'efforcent de donner à la prison un air de luxe et de fête. Les visiteurs trouvent que c'est là un séjour charmant dans lequel on doit nécessairement se plaire : ils félicitent le directeur, et tout est dit. Une note hyperbolique, insérée dans les journaux, complète l'inspection ; après quoi on passe à d'autres prisons et à d'autres exercices.

Le philanthrope qui devait accompagner le préfet de police est un homme qui s'est fait en ce genre une réputation européenne. Toutes les maisons de détention le connaissent ; les bagnes ont longtemps retenti de ses louanges. On lui doit l'amélioration du scélérat au point de vue du tête-à-tête et de l'influence personnelle. Quand il avait gardé un forçat ou un réclusionnaire pendant une demi-heure seulement, il le renvoyait parfaitement amélioré. Ce malfaiteur pouvait désormais prétendre à tout ; il avait droit au prix Montyon. Le philanthrope comptait dans sa vie une multitude de conversions éclatantes : il avait peuplé les bagnes de moralistes qui lui étaient dévoués, et qui y propageaient ses leçons. Jamais spectacle plus édifiant ne fut offert dans l'asile du crime. De quelque attentat qu'un homme se fût rendu coupable, assassin, parricide, peu importe, entrepris par le philanthrope, il cédait, et donnait dès lors l'exemple de toutes les vertus. Les natures les plus rebelles furent ainsi domptées, et il y eut un instant où les âmes pures étaient en si grand nombre dans les bagnes, qu'en comparaison la société paraissait peuplée de chenapans. C'était un danger très-grave. Pour le conjurer, il fallut prier le philanthrope d'améliorer moins complétement le détenu, afin que la société n'eût pas autant à rougir.

Le philanthrope se rabattit alors sur l'alimentation du prisonnier, et chercha par quelles substances il pourrait se rendre agréable à cette classe intéressante de la société. Le potage de ses protégés se composait communément, soit de bœuf ou de porc salé, soit de bœuf ou de porc frais accompagnés de haricots : nourriture insuffisante ! inhumanité gratuite ! On avait sous la main les éléments des meilleurs consommés, les gélatines les plus substantielles, et, avec cette barbarie qui caractérise les industriels, on en faisait de petits sifflets, des jeux de dominos, des becs de parapluie et autres ustensiles peu pénitentiaires. Le philanthrope exécuta une rafle générale sur ces objets d'art, et les convertit en potages et bouillons alimentaires. Les détenus moururent d'inanition, mais bénirent leur ami ; c'était encore une manière de les amender. Depuis ce temps, le philanthrope vit partout des soupes salutaires et économiques ; il en vit dans les vieilles casquettes et dans les collets des habits, il en vit dans les feutres des chapeaux portés avec persévérance. Tout à ses yeux se transformait en potages ; ce fut la seconde phase de sa gloire : elle fit autant de bruit que la première. Les mêmes journaux qui avaient célébré l'amélioration du détenu célébrèrent les perfectionnements de la gélatine : après avoir agi sur les cœurs, le philanthrope se portait au secours des estomacs, et visait à procurer des indigestions aux mêmes bagnes qu'il avait peuplés de moralistes.

Tel était l'homme célèbre qui honorait Clichy de sa visite. Il fut reçu à la porte par le directeur, qui l'attendait de pied ferme et connaissait le pèlerin. Ils échangèrent un regard amical, et l'inspection commença. On parcourut les salles, les cellules, la cuisine. Malheureusement quelques quartiers de bœuf y étaient pendus au croc. Ce spectacle rembrunit le visage de l'inventeur de la soupe aux dominos : il parut se scandaliser de voir que l'on nourrissait Clichy par un procédé si arriéré et si vulgaire ; aussi s'en vengea-t-il en passant dans la salle commune, où se trouvaient de grands bancs en cuir que l'usage avait horriblement graissés.

— Directeur, s'écria-t-il en se tournant vers ce fonctionnaire, quand vous réformerez ce meuble, n'oubliez pas que vous avez là d'excellents consommés. Je vous en donnerai la recette. C'est divin au goût, et tout à fait économique.

Ainsi parla le philanthrope, tout en cherchant de l'œil, dans la phalange des détenus qui remplissaient alors la salle, s'il n'y en avait pas quelqu'un qui fût susceptible d'être amélioré. L'examen du personnel ne parut pas le satisfaire, et cela se conçoit. Il lui fallait de grands criminels, des scélérats fieffés, et il n'y avait là que de fort honnêtes gens. Aussi l'inspection fut-elle courte. L'essentiel était d'avoir paru sur les lieux, afin de justifier la note que l'on devait insérer dans les journaux du lendemain avec accompagnement de grosse caisse.

« M***, ce philanthrope que l'Europe nous envie, a visité hier la
« prison de Clichy, et s'est montré satisfait de la tenue de l'établisse-
« ment, comparable à tout ce que l'on connaît de mieux en ce genre
« en Angleterre, en Prusse, en Amérique et à Otahiti. Il a obtenu
« une audience de Leurs Majestés pour leur rendre compte des résul-
« tats de cette inspection. On ne saurait trop accorder d'éloges à cette
« sollicitude active qui éclate en soupes économiques, etc. »

La comédie était jouée ; la prison reprit sa physionomie ordinaire. Le directeur n'en fut ni plus généreux ni plus attentif; les guichetiers n'en furent ni plus polis ni moins avides; le greffe se montra toujours aussi fiscal, et les visites corporelles n'en furent pas moins continuées à la porte. Rien n'était changé dans la prison ; il n'y avait qu'une inspection et une comédie de plus.

La journée se passa, la nuit aussi ; la matinée suivante s'écoula également sans que j'eusse des nouvelles du dehors. J'étais certain que Malvina ne m'oubliait pas : mais que faisait-elle ? Le chapitre des suppositions était immense, et je ne l'avais pas épuisé, quand un commissionnaire attaché au service de la maison vint m'avertir que l'on me demandait au parloir. J'y courus : Malvina se trouvait là, elle venait de faire lever mon écrou ; j'étais libre. Le capitaliste d'Oscar avait été désintéressé : il ne restait plus qu'à régler avec le greffe. Quand j'arrivai, ma femme y exhalait sa mauvaise humeur :

— Ah çà, disait-elle, c'est à n'en pas finir. J'irai dire à Louis-Philippe comment l'on tond le pauvre monde ! Encore douze francs ! mais c'est une horreur !

— C'est l'usage, madame, la levée de l'écrou !

— Il est propre, l'usage. Montrez-moi donc où vous le prenez, l'usage. Aussi bien, depuis ce matin, je ne fais que donner ! huissier par-ci, greffier par-là, guichetier, geôlier, timbre, quittance, levée d'écrou. Ce n'est pas possible, monsieur ; j'irai me plaindre à la Chambre des députés.

— Allez, madame, vous en avez le droit.

— Oui, et vous ne me rendrez pas mon Jérôme. Tenez, monsieur, ajouta-t-elle avec colère et en jetant trois pièces de cent sous sur la table du greffe, payez-vous. Aussi bien n'est-ce pas acheter trop cher le plaisir de ne plus vous voir.

Le greffier ne répondit rien, retint sa somme, et rendit le reste : probablement il était habitué à de pareilles scènes. Mes préparatifs de départ furent bientôt faits. Une voiture nous attendait à la porte, nous partîmes. Quand je franchis le seuil de la prison, il me sembla que je respirais plus librement. Malvina était radieuse.

— Comment as-tu fait? lui dis-je.
— Ah! çà, c'est mon secret, répliqua-t-elle.
— Voyons, parle, tu piques ma curiosité.
— Mon homme, quand une femme a son mari sous les verrous, elle n'a plus besoin de toilette, et, comme dit l'autre, le mont-de-piété n'a pas été inventé pour les habitants de la lune. J'ai emprunté dix mille francs à *ma tante*, voilà.

Tout s'expliquait : les diamants, les bijoux, les châles de ma femme m'avaient servi de rançon; elle y avait consacré les débris de notre opulence; l'argenterie même avait pris ce chemin. C'était encore un de ces moyens qui ne servent qu'à aggraver le mal; mais ici l'intention couvrait et justifiait tout. Cependant il fallait songer à dégager ces objets. Je déposai mon bilan, et obtins de l'agent de la faillite les premières sommes disponibles pour opérer ce retrait. Il importait de toutes les manières à la masse des créanciers de rentrer dans des valeurs plus fortes que l'avance qui avait été faite. Je me rendis donc avec la *reconnaissance* d'usage dans le bureau que m'indiqua Malvina.

Ma pauvre femme avait été fort mal inspirée dans ce choix : guidée par ses souvenirs, elle s'était adressée à l'un des commissionnaires du mont-de-piété, qui grèvent d'un droit à leur profit les sommes qu'ils procurent. Cette institution est, dans bien des cas, un piége dont le gouvernement se rend complice.

Les déposants qui se rendent dans ces maisons croient avoir affaire à des agents de l'État et non à des personnes qui opèrent pour leur compte; ils ignorent qu'en s'adressant à l'établissement principal, ils y trouveraient de l'argent à trois pour cent de moins que dans ces succursales. Malvina avait eu affaire à l'un de ces intermédiaires, et il fallut supporter toutes les conséquences de son erreur. Je me présentai à son bureau avec la somme nécessaire pour retirer le gage. Le dépôt avait été fait un mois et un jour auparavant, voici ce qu'il nous coûta, et sous quel décompte j'obtins la restitution des objets :

Somme avancée.	10,000 fr.
Droit du commissionnaire : 2 centimes par franc; 2 p. 0/0 pour engagement.	200
Droit du commissionnaire : 1 centime par franc, 1 p. 0/0 pour dégagement.	100
Droit de prisée : 1/2 p. 0/0	50
Intérêts et frais du mont-de-piété : 1 1/2 p. 0/0 (le mois commencé comptant pour un mois plein)..	250
	10,500 fr.

C'est-à-dire que le gouvernement, qui proscrit et punit l'usure, m'avait prêté, sur gage, de l'argent à raison de soixante pour cent par an. Il est vrai que le mont-de-piété est une institution philanthropique.

XXXII.

LE DÉLIRE DE MALVINA. — L'ASSEMBLÉE DE CRÉANCIERS.
LE PORT APRÈS L'ORAGE.

Je croyais avoir épuisé la coupe du malheur, quand

une nouvelle épreuve vint fondre sur moi : Malvina tomba gravement malade. Tant que la pauvre femme avait eu l'espoir de rétablir notre position à force de courage et d'activité, sa santé n'avait pas souffert d'une manière apparente. L'âme domptait le corps, un effort fiévreux couvrait et déguisait les ravages du mal. Les soins du magasin, le souci que lui donnaient ses enfants, mes embarras financiers et le brusque incident de ma captivité, tout avait contribué à entretenir chez elle cette exaltation, cette agitation, qui suppléent à la vie régulière. Quand cet aliment lui manqua, un affaissement complet s'empara d'elle, une désorganisation lente se révéla dans ses traits et altéra ses habitudes. Elle, si rieuse et si vive, tombait parfois dans des accès de taciturnité profonde, et rien ne pouvait la tirer de cet abattement. La maison de commerce était en pleine déconfiture ; il ne me restait plus qu'à suivre les phases d'une liquidation légale et des tristes formalités qu'elle entraîne. Quant à Malvina, le désœuvrement le plus absolu avait succédé pour elle à l'existence la plus occupée : ce contraste détermina une crise.

Malgré tous nos soins, l'état de la malade empirait ; des symptômes aigus avaient succédé au marasme chronique. La fièvre redoublait, la tête était prise ; les médecins appelaient cela une méningite. Les saignées, les sangsues, rien ne put calmer le mouvement du pouls et arrêter une destruction évidente. Le délire compliquait le mal, et des accidents nerveux l'aggravaient. Les moments lucides devinrent de plus en plus rares ; ma pauvre femme semblait avoir perdu le sentiment de ce qui se passait auprès d'elle. Des paroles sans suite, des mots entrecoupés, produit d'affreux cauchemars, s'échappaient de sa bouche; des gestes convulsifs attestaient la violence de la lutte et les efforts d'une riche constitution. Depuis que la maladie avait pris cette gravité, je ne quittais plus le chevet de la mourante. C'est moi qui la veillais et la soignais : je ne voulais laisser à personne ce soin et ce devoir; à peine me résignais-je à prendre quelque nourriture. Une nuit, je me trouvais près de son lit, triste et douloureuse nuit! la garde venait de s'endormir, ma femme semblait assoupie, quand tout à coup une crise épouvantable se déclare. L'agitation est extrême, le délire redouble, les hoquets se succèdent, une sorte de râle se fait entendre au milieu de cris entrecoupés. On dirait qu'une pensée fatale obsède la malade; elle porte la main à son front comme pour la chasser :

— Oscar, Oscar, disait-elle avec un tremblement nerveux, Oscar... Oscar... laisse-moi!

Ses dents s'entre-choquaient, des flots de sueur inondaient son visage. Ce que c'est que le délire, et quelles idées il peut éveiller! Ce nom d'Oscar, ainsi prononcé, était-il une hallucination ou une réminiscence? D'où vient que ce nom se mêlait à ce délire et retentissait sur ce lit d'agonie? Ce nom planait sur la période brillante de ma vie et semblait la dominer; j'avais obéi malgré moi à cet homme comme on obéit à l'ange du mal. Il m'avait fait capitaine et commandant de la garde nationale, premier échelon de ma grandeur, et, depuis ce temps, l'esprit de gloriole et de vertige ne m'avait plus abandonné. Je lui devais la connaissance de la princesse Flibustofskoï et de son acolyte le feld-maréchal Tapanowich; il s'était mêlé de ma candidature au parlement; il avait disposé de mon crédit comme d'une chose qui lui appartenait. En recueillant mes souvenirs, je réfléchis alors que ma maison avait été la sienne, que ma caisse n'avait pas eu de plus rude assaillant, qu'il m'avait imposé son intimité, ses tableaux, plus verts que son âme, ses amis, ses connaissances, ses goûts culinaires. Il était devenu plus maître que moi de mon propre intérieur, et cela, au point que Malvina elle-même s'en était souvent révoltée. Pauvre chère âme! s'était-elle toujours défendue avec succès contre ses obsessions, et n'avait-il pas poussé plus loin ses entreprises?

C'est une justice à me rendre, en face de ce lit d'angoisses le soupçon ne pénétra point dans mon cœur, la défiance l'effleura à peine. Le sentiment d'une compassion profonde, d'une tendresse éplorée, suffisait pour le remplir. Ma femme m'avait donné tant de preuves de dévouement, anciennes ou nouvelles, que rien ne pouvait tenir contre cette pensée. Si l'autre, que je m'abstiens de nommer, avait été mon démon au jour du vertige, elle avait toujours été mon ange au jour de la douleur. On a souvent attaqué, critiqué le mariage par l'exception, par le détail; on a oublié cette communauté d'intérêts et de souffrances qui le relève et qui l'épure. Les nuages passent et le lien reste. Je l'éprouvais alors; je comprenais par combien de fibres cette âme qui s'en allait tenait à la mienne, et à quel point, entre deux existences longtemps confondues, l'identification est complète. Aussi ne me resta-t-il de ce triste épisode qu'un amour plus grand pour cette compagne qui s'éteignait, et en même temps une haine implacable pour le nom échappé de ses lèvres. Abominable rapin ! Je me promis bien de me soustraire désormais à son influence.

Cependant cette crise, qui m'avait tant effrayé, eut un dénoûment heureux. Une transpiration abondante tempéra les ardeurs de la fièvre ; le pouls se modéra ; les symptômes dangereux disparurent ; Malvina était sauvée. Trois jours après, elle entrait en convalescence ; quelques soins attentifs devaient compléter la guérison. La vigueur du sujet rendit le retour à la santé plus prompt et plus facile ; le babil revint, et dès lors je fus complétement rassuré. Pour maintenir cet état favorable, je me permis un petit mensonge : je laissai croire à Malvina que mes affaires s'arrangeaient naturellement. C'est le contraire qui était vrai. Faute d'avoir su m'arrêter à temps, le désordre s'était introduit dans mes écritures, et ma liquidation se présentait sous l'aspect le plus déplorable. Ce que l'imprudence de mon commis avait commencé, l'escompte et l'usure l'avaient aggravé sans remède. Les livres n'avaient jamais été ni régulièrement ni sincèrement tenus, ce qui rendait ma position bien plus alarmante. Le premier travail de dépouillement des syndics n'élevait pas au-dessus de 6 p. 0|0 le dividende probable. 1,000,000 de passif contre 70,000 fr. d'actif, voilà où j'en étais. Vendus par expropriation forcée, mes immeubles n'avaient pas même suffi pour désintéresser les créanciers hypothécaires. La maison moyen âge fut adjugée à l'architecte chevelu pour 250,000 fr., le château de Valombreuse à mon notaire pour 105,000 fr.

Ainsi mes folies profitaient à ceux mêmes qui les avaient provoquées. On ne pouvait être dépouillé plus légalement, ni égorgé en meilleure forme.

Malgré la triste tournure que prenaient les choses, je me faisais encore illusion, je formais des plans pour l'avenir, je croyais à un retour de fortune. Mes créanciers allaient se réunir ; je voulais leur offrir un *dividende* plus élevé que l'actif net, en les priant d'accepter comme garantie ma probité et mon désir de les désintéresser entièrement. Avec le magasin et les débris d'une vieille clientèle, nous pouvions espérer de rétablir nos affaires : un travail assidu et une surveillance infatigable devaient réparer le mal qu'avaient causé l'oisiveté et la négligence. Malvina était enchantée de ce projet : l'idée de se remettre à la besogne la ranimait ; elle y voyait un moyen de réhabilitation, et l'avenir commençait de nouveau à lui sourire.

— C'est ça, disait-elle; vienne de l'ouvrage, et l'on verra! Ah! il faut serrer son jeu dans les affaires; eh bien! on le serrera, son jeu. Tu tiendras la caisse, moi je serai à la vente.

— Plût au ciel que tu ne l'eusses jamais abandonnée! lui dis-je.

— Le passé est passé, Jérôme. Le Père éternel lui-même n'y pourrait rien ; mais avec les honnêtes gens il n'y a rien à perdre. Comme le disait ton pauvre oncle, les Paturot n'ont jamais demandé grâce à personne.

— Quel souvenir, Malvina!

— Ah! oui, c'est dur; ça fait saigner le cœur! Pauvre cher oncle! s'il n'était pas mort, il en prendrait une attaque. Dam! les anciens, ce n'était pas comme les modernes! Délicats sur la chose! payant jusqu'au dernier centime! Ah! les anciens! purs comme l'or, tout ce qu'il y a de plus pur!

— Soyons comme eux, ma femme.

—A mort, mon homme. Rends-moi à la filoselle, et tu verras.

Nous nous donnions ainsi du courage et vivions d'illusion : l'espoir jette des racines si profondes dans le cœur de l'homme! Plein de cette confiance, je négligeai de voir mes créanciers et d'implorer leur compassion. Il me semblait que l'exposé de mes pertes, fait par les syndics de la faillite, suffirait pour justifier mon impuissance et rendre manifeste ma bonne foi. Dans l'intérêt même de la liquidation, un concordat était une chose utile qui ne devait pas, à ce qu'il me semblait, rencontrer d'opposition. Je comptais sans les créanciers farouches qui s'élèvent toujours du sein d'une masse, et sans les créanciers subtils qui cherchent, à l'aide d'une opposition, à se ménager des arrangements particuliers. Jusqu'au jour fixé pour le concordat, je m'abusai ainsi et ne visitai personne. Cette faute indisposa contre moi la plupart des porteurs de titres : ils y virent de l'orgueil et une réminiscence de mon ancienne morgue de député. La politique s'en mêla ; il se forma un complot, une cabale à mon insu; il fut question de me donner une leçon éclatante. L'explosion devait avoir lieu en public, devant le juge-commissaire. Je n'en aurais rien su sans une visite singulière dont je fus honoré le matin même de la réunion, et au moment où j'allais m'y rendre.

— Monsieur, me dit la personne qu'on venait d'introduire dans mon cabinet, ne me reconnaissez-vous pas?

C'était l'un des escompteurs qui m'avaient traité le plus usurairement ; je ne le reconnaissais que trop, et le saluai par son nom.

— Monsieur, ajouta-t-il alors, le temps presse ; on nous attend l'un et l'autre au tribunal de commerce ; je serai bref. Vous croyez que votre affaire ira toute seule, que vous obtiendrez un concordat : détrompez-vous. Vous allez rencontrer des créanciers irrités, implacables.

— Comment cela, monsieur?

— Comment? Ce serait trop long à vous expliquer. D'abord, vous n'avez que 6 p. 100 à donner ; 6 p. 100, c'est-à-dire rien. Personne n'a d'intérêt à vous ménager.

— Je donne tout ce que j'ai, en honnête homme.

— Soyez fripon, et donnez 20 p. 100.

— Monsieur!

— Allons au fait. Vous allez être attaqué violemment ; vous n'aurez pas votre concordat, vous dis-je : l'affaire est montée de main de maître.

— Et qui m'a rendu ce service, monsieur?

— Moi, et je viens voir si vous voulez que la bombe éclate : seul j'y puis mettre le feu. Réfléchissez vite ; nous n'avons plus que douze minutes, ajouta-t-il en jetant les yeux sur ma pendule.

Je compris que j'avais affaire à un aigrefin à qui de pareils marchés étaient familiers, et qui ne s'avançait pas à la légère : il importait de savoir où il en voulait venir.

— Vos conditions? lui dis-je en imitant son laconisme.

— Très-douces, répliqua-t-il. Vous me renouvellerez mon titre en le datant du mois d'août prochain; quatre mois pour vous blanchir; ce sera suffisant.

— Autrement?

— Autrement point de concordat; je n'ai qu'à ouvrir la main, elle est pleine de tempêtes.

— Eh bien! monsieur, vous l'ouvrirez, lui dis-je alors; j'ai été malheureux, mais je ne serai pas déloyal. J'ai peu de chose à offrir à mes créanciers, mais je ne me laisserai pas rançonner par l'un d'eux au détriment des autres. Ce serait un indigne marché.

— C'est votre dernier mot?

— Oui, monsieur.

Il prit son chapeau et sortit. Certes, je n'eus pas de regret d'avoir repoussé cette ouverture; mais mon cœur se serra à l'idée des hostilités que j'allais essuyer. Je m'étais habitué à considérer une assemblée de créanciers comme une simple formalité; elle allait se transformer en une lutte pleine de passion. Quand j'entrai, je rencontrai de tous côtés des regards hostiles ou curieux. Un ancien député à l'état de déconfiture est un spectacle assez rare; on en jouissait alors dans ma personne. Les syndics firent leur rapport; il était favorable: mes pertes s'y trouvaient justifiées, et quelques reproches bien mérités de négligence formaient la part de la censure. Quand cette pièce eut été lue, mon ennemi se leva et tira de sa poche un formidable dossier. C'était un contre-rapport, un réquisitoire dans toutes les formes. Jamais masse pareille de griefs ne fut accumulée avec plus d'art : mon adversaire avait compulsé tous mes livres et y avait trouvé les traces des altérations que mon fondé de pouvoirs s'était autrefois permises. A mesure que la série de ces accusations se déroulait, je voyais la figure du juge-commissaire se rembrunir, j'entendais un murmure sourd s'élever du sein de l'assemblée. Je n'étais plus devant des créanciers, j'étais devant un jury, et l'acharnement de mon antagoniste fut tel, qu'il alla jusqu'à prononcer le mot de banqueroute. J'étais consterné, atterré, je n'avais jamais entrevu cette expiation nouvelle. Cependant il fallait parler, se défendre; je le fis, en balbutiant, avec la mort dans le cœur; j'invoquai ma bonne foi, mon dénûment actuel, la vieille probité commerciale du nom que je portais. Mes paroles ramenèrent quelques créanciers; ils y virent l'émotion d'un honnête homme et l'accent de la conviction. Mais l'influence de mon ennemi était trop puissante et il m'avait porté des coups trop rudes pour que je pusse me relever. A une assez grande majorité, on me refusa un concordat. Il en est ainsi dans presque toutes les affaires où le failli ne subit pas la loi des meneurs et ne se soumet pas aux conditions qu'ils lui dictent.

Adieu dès lors mes projets et ceux de Malvina! La masse des créanciers se forma en contrat d'union et s'empara des instruments de travail qui nous restaient, magasin, marchandises, mobilier, valeurs de toute nature. Nous restions nus et dépouillés avec la misère en perspective : on ne pouvait pas descendre plus bas. Que faire? Où trouver de l'emploi? Nos dernières et faibles ressources allaient s'épuiser : il fallait prendre un parti. Malvina voulait retourner à ses occupations d'ouvrière; je l'en empêchai. Il me semblait impossible que le gouvernement ne fît rien pour un homme qui avait toujours marché avec lui, qui avait joué un rôle à la Chambre et failli devenir sous-secrétaire d'État. On ne pouvait pas laisser s'éteindre dans la misère un vote longtemps dévoué et une existence brillante naguère. Je demandai une audience au président du conseil des ministres, qui m'accueillit très-galamment. On chercha de toutes parts une place vacante qui ne fût pas promise à un député en exercice. Cette recherche dura longtemps: mes ci-devant collègues ont tant d'électeurs à nourrir, qu'ils sont en quête de tout ce qui peut apaiser d'insatiables appétits. Enfin, un petit poste de mille écus fut découvert dans une résidence éloignée : on me l'offrit, et je l'acceptai avec reconnaissance.

C'est là que je vis avec Malvina, revenu des grandeurs et résolu désormais à prendre les choses en philosophe. Ce tourbillon de Paris, dans lequel la tête la plus saine éprouve des vertiges, n'est pas, après tout, un souvenir si enivrant qu'on ne puisse s'en détacher. La province laisse bien plus d'action à la pensée, bien plus de liberté à la méditation. Ici le paysage est charmant, et nous en jouissons à toute heure. La nature remplace avec succès les prestiges de l'art, et je ne sais point de décoration d'opéra qui puisse atteindre aux effets d'un coucher de soleil dans nos montagnes. La maisonnette que nous habitons est petite, mais charmante; elle s'ouvre, d'un côté, sur la rue principale du lieu; de l'autre, sur un jardin dont la rivière baigne le pied. Je pêche des truites, ma femme élève des serins; je fais chaque soir la partie de reversis du conservateur des hypothèques, et Malvina donne des leçons de guitare à sa fille aînée. Ainsi s'écoulent des jours qui se ressemblent, sans surprise comme sans douleur.

Plus je m'interroge, plus je vois que j'étais fait pour cette vie paisible. Aucun plaisir ne me trouve indifférent : je m'intéresse à mon allée de pommiers, à mes plants de framboises, à mes carrés de légumes. Un rien m'occupe, un rien me charme. Dans la politique et dans l'industrie, ce don naïf de l'enthousiasme, cette faculté d'entraînement, perdent facilement un homme. Au milieu d'une société cuirassée, je marchais la poitrine nue ; j'obéissais au vice comme un fanfaron et sans avoir l'étoffe du vicieux : je tranchais du fripon et j'étais dupe. Aujourd'hui, pour les politiques et les industriels, il n'y a que deux chemins : l'un mène à la considération, l'autre à la fortune : le premier ne demande que de la droiture, le second exige de l'habileté. Je n'avais pas assez de fermeté pour choisir le premier, pas assez de talent pour suivre le second. Avec plus d'imagination qu'il n'en faut à un homme d'affaires, avec plus de candeur qu'il n'en faut à un homme politique, j'étais une victime vouée d'avance à toutes les déceptions et à toutes les chutes. Suis-je le seul qui ait ainsi méconnu la portée de son esprit ? et parmi les industriels n'existerait-il pas des prétentions pareilles à celles qui m'ont perdu ? Je laisse à d'autres le soin de tirer cette conclusion, grosse de bien des réformes. Peut-être renverrait-elle trop de marchands de draps à leurs foulons, trop d'herbagers à leurs bestiaux, trop de commerçants à leurs comptoirs, trop de magistrats à leurs siéges, trop d'avocats à leurs dossiers.

Mon exemple ne guérira personne, je le sais : l'ambition ne capitule pas aisément, et il n'est pas donné à tous les cœurs déçus de se plaire à la greffe des arbres à pepins ou à l'amélioration du chou de Bruxelles. Quant à moi, ces goûts champêtres me suffisent, et Malvina y ajoute les distractions de la volière et les délassements de la serinette. Mon fils, le second de ma race, déniche des oiseaux jusqu'à ce que la bosse de la version latine l'appelle dans la capitale. Son frère continue à être le premier thème grec de l'Université.

Nous avons rarement des lettres de Paris. Cependant, un jeune peintre, envoyé pour orner le maître-autel de notre résidence, m'a donné des nouvelles d'Oscar. L'odieux rapin est décoré ; il continue à exécuter des portraits de Sa Majesté pour les communes de France, toujours avec des tons plus verts que nature. On a retrouvé les traces de mes deux principaux débiteurs, la princesse Flibustofskoï et son acolyte Tapanowich. La palatine tient un café sur les bords fortunés de la Newa, et le feld-maréchal rince les verres de l'établissement.

FIN

TABLE DES MATIÈRES.

DEUXIÈME PARTIE (suite).

Chap. IX.	Paturot devant la commission d'enquête industrielle. — Le bonnet de coton national	1
— X.	La maison moyen âge. — L'exposition de tableaux	12
— XI.	Le prix d'un alignement	24
— XII.	Un succès chevelu	33
— XIII.	Les sociétés philanthropiques et savantes	45
— XIV.	La haute science	57
— XV.	Les voyageurs officiels	67
— XVI.	Une Putiphar. — Préliminaires d'un emprunt russe. — Partie carrée	74
— XVII.	La haute politique. — Candidature parlementaire de Paturot	84
— XVIII.	Une élection dans les montagnes	95
— XIX.	Suite du chapitre précédent	105
— XX.	Paturot député. — L'instructeur parlementaire. — La leçon de politique	124
— XXI.	Les petites misères de la députation. — Les commettants à Paris. — Préparatifs d'une improvisation	135
— XXII.	Les grands orateurs. — Le dîner parlementaire. — L'improvisation	149
— XXIII.	L'espionne russe. — L'emprunt forcé. — La maison moyen âge. — Une crise ministérielle	159

TABLE DES MATIÈRES.

Chap. XXIV.	Les plaisirs d'un ministre	169
— XXV.	Confession d'un ministre	176
— XXVI.	Un bilan. — Les ressources de l'escompte	187
— XXVII.	Le coup de grâce. — Le jeu de la Bourse	197
— XXVIII.	La maîtresse et la femme	208
— XXIX.	L'instituteur chevelu. — La bosse du thème grec	217
— XXX.	Le capitaliste d'Oscar. — Clichy	227
— XXXI.	Clichy. — La visite du philanthrope. — Le mont-de-piété	238
— XXXII.	Le délire de Malvina. — L'assemblée de créanciers. — Le port après l'orage	251

FIN DE LA TABLE DU DEUXIÈME ET DERNIER VOLUME

www.ingramcontent.com/pod-product-compliance
Lightning Source LLC
Chambersburg PA
CBHW050337170426
43200CB00009BA/1634